中和论道 九

本书由西北师范大学学科建设资金资助出版

"中和论道"学术讲座由兰州中和集团提供资助

仁学与现象

中西哲学八讲

主　编/姜宗强　汪光文

社会科学文献出版社
SOCIAL SCIENCES ACADEMIC PRESS (CHINA)

中和论道编委会

序

　　我的祖父和父亲都曾在大学任教，爷爷洪毅然是美学教授，父亲洪元基是外语教授，我也算是生长在知识分子家庭。从小时候起，就常常听祖父、父亲和一些长辈们讨论一些很深奥的问题，诸如宇宙的本源、精神和物质、善与恶、美与丑、美的本质、世界是无限的还是有限的……

　　时常觉得这些问题神秘而有趣，自己也试着思考一些这个方向的问题，觉得思考这类问题好像让人能更加透过现象较清晰地看到事物的本质和规律，可以让人有种超越现实的精神力量。

　　我觉得学习和思考哲学问题能让人在各领域都比较快地把握事物的本质和规律，也就能让人心智明确、理解得当，办事方法自然比较正确；能够让人身心更和谐、生活和工作更顺利。尽管我现在的工作与哲学没有直接的联系，但我一直对哲学问题保持浓厚的兴趣，对哲学保持着一种神秘的敬畏……

　　2015 年秋季，西北师范大学时任党委书记陈克恭同志倡议最大限度活跃学校的学术活动，希望哲学在提升大学学术品位中发挥引领作用；哲学系李朝东教授与我商议，在西北师范大学组办一个哲学沙龙，我们一拍即合，并商定沙龙名称为"中和论道"。我觉得这个沙龙应该能给西北师范大学增添一张学术名片，也能丰富大学的学术交流活动，给学校营造学术氛围，给师生提供一个交流学习平台，所以欣然赞同，积极参与其中。

　　"中和论道"从 2015 年秋季学期开始，每两周举办一次，每期一个主题，有发言、有问答、有辩论。时而安静聆听，时而热烈欢笑，在这里我们思考，我们感悟，我们超越，大学之气象，欣欣慰然。

　　借此我也想说，任何哲学、科学、艺术、宗教都会有三方面的价值：一是让人们心灵更美好，更加快乐和智慧，从而使人和自己更好地相处；二是让人们更加理性，让社会更有秩序，从而使人和人更好地相处；三是认识规律，感悟本质，让人理解自然规律以及还未知的规律，从而使人和自然更好地相处。而我认为哲学在各领域都是有引领作用的。

　　就此而言，"中和论道"作为大学特殊的学术讲堂，是有益于自己、有益于学校师生、益于社会的学术平台，是传播先进文化的阵地。

　　相信各位哲人、老师在这个学术平台上能智慧闪烁，精彩纷呈。

　　我们试想，让"中和论道"成为广大师生交流学问、砥砺智慧的场所，每学期学者们的精彩讲演结集为"中和论道"文集，更会成为思想宝库、学术家园；我们将竭诚合作，把"中和论道"办成西部地区传播知识、启迪智慧、培育人才的优秀平台，播种信念的希望……

　　　　　　　　　　　　　兰州中和集团董事长　　洪涛

主编的话

"道"是中国文化的核心范畴，揭示本体存在。《礼记·中庸》提出"喜怒哀乐之未发，谓之中；发而皆中节，谓之和；中也者，天下之大本也；和也者，天下之达道也。致中和，天地位焉，万物育焉"。"贵和尚"形成了中国儒释道文化"有容乃大"的和谐包容性，使其源远流长。在现代中西方文明交流碰撞的今天，更需研究中西文化深层交流以及传统文化的创造性更新与转化的问题。《仁学与现象——中西哲学八讲》是"中和论道"系列演讲的第九辑，探讨如下八讲内容。

第一讲，《论语》与仁学伦理学的可能性。这是西北师范大学哲学学院博士生导师姜宗强教授对李幼蒸先生《论语解释学与新仁学》一书的研究和点评，其中关涉几个重要的问题：1.《论语》成书的经过及版本学研究；2.《论语》文本中的"对比句"；3.《论语》中仁学思想的精华；4.《论语》对现代伦理学有无贡献？这里既包括对李幼蒸本人核心观点的引述，也包括姜教授自己的分析和点评，是独立研究的论文。

第二讲，《论语》及其内圣外王之道。这是西北师范大学哲学学院李永亮副教授的独立研究之作。李教授分别从四个部分架构全文：1.孔子的生平以及《论语》这本书；2.孔子的内圣之道；3.孔子的外王之道；4.后人对孔子的评价，以及孔子思想在后人修身、齐家、治国、平天下中的作用。

第三讲，《论语》中的"仁"及儒学传统中对"仁"之观念的解释和展开。这是西北师范大学哲学学院汪光文博士的独立研究之作。首先综述了近50年来孔子及《论语》的学术研究状况，全文集中处理几个争论的概念，尝试厘清儒教、儒家、儒学、仁学几个概念的区别与关联，并集中诠释《论语》中的"仁"的含义及其后世发展。

第四讲与第五讲，语词和句子表述及其含义理论。集中探讨外国哲学现象学中的语词和句子表述及其含义的理论。这是西北师范大学哲学学院博士生导师李朝东教授的独立研究之作。通过对胡塞尔《逻辑研究》的"第四研究"的诠释，深入研究了词语和句子的含义问题。亚里士多德曾经将名词分为简单名词和复合名词，简单名词中的部分没有意义，而复合名词中的部分，尽管并不具有独立的意义，却对这个复合名词的整体含义有助益。这篇演讲稿主要通过胡塞尔现象学的方法对亚里士多德在两千多年前提出来的问题做一个探究。也就是说，这些词究竟有没有意义？它们是如何和别的词关联在一起以后才有意义和含义的？回答这些问题需集中诠释胡塞尔现象学关于"独立含义和不独立含义"的内容。

第六讲，教育现象学：不研究什么，研究什么，又如何研究？这是西北师范大学教育学院博士生导师熊华军教授将现象学方法应用到教育学研究中的独立研究之作。探讨了教育现象学的范围、界定及意义。教育现象学要研究的就是基于现象学的视角，让教育跳出政治的"力"、经济的"利"和文化的"礼"

的范围，直接指向"立于真理中的人"。这种"立于真理中的人"，借用汉娜·阿伦特的一句话：教育就是建立和保存一个空间，让作为"秀异"的自由得以展现。"秀异"的意思就是优秀和优异，所以真正的教育就是让人成为一个真正的人及一个自由人的过程。

第七讲，世界观的转变——从地心说到日心说。这是西北师范大学哲学学院胡朝都讲师从科学史以及科学哲学的角度探讨地心说到日心说对哲学认识论的冲击及启发，展示了自然科学与人类哲学认识论相互促进的良性互动关系的形成。

第八讲，上帝掷骰子吗？——爱因斯坦与玻尔的争论。这是西北师范大学物电学院博士生导师段文山教授独立研究之作。全文讨论以下问题：1. 确定性与随机性问题；2. 关于三体的问题；3. 蝴蝶效应与混沌；4. 量子力学的诞生；5. 微观粒子的运动规律；6. 爱因斯坦与玻尔的争论问题。所有这些问题都牵扯一个共同的话题，就是世界是确定的还是随机的。第七讲和第八讲实际上贯通了科学哲学中从地心说到日心说，再到当代多元平行宇宙理论的探讨。

上述八讲内容都是西北师范大学老师化繁难的学术问题为平易生动的道理，探讨哲学一级学科下中国哲学、外国哲学、科学哲学、伦理学、美学、逻辑学、宗教学、马克思主义哲学相关的诸多重要问题，增强学生兴趣，开阔他们的视野，兼容并蓄，弘扬文明，传承文化。本书就是上述多位专家学者对以上问题的演讲以及演讲现场师生互动问答的汇集，形式新颖，语言生动，深入浅出，是对哲学问题有兴趣的读者的富有启发性的入门书和进一步深造的导引书。

目　录

第一讲　《论语》与仁学伦理学的可能性 / 001

一　《论语》是怎样一本书？ / 004

二　为何文本的核心结构是"对立项"？ / 013

三　现代新仁学——仁学伦理学的内容及可能性 / 020

第二讲　《论语》及其内圣外王之道 / 031

一　孔子生平及《论语》简介 / 035

二　孔子的内圣之道 / 041

三　孔子的外王之道 / 055

四　对孔子的评价 / 061

**第三讲　《论语》中的"仁"及儒学传统中对"仁"之观念的
　　　　　解释和展开** / 077

一　对儒、儒家、儒学等几个概念的界定 / 081

二　"仁"字的语源学考察 / 083

三　孔子仁学的思想来源及起点 / 086

四　《论语》中的"仁"之含义 / 090

五　儒家传统中对"仁"之观念的解释和意义展开 / 093

结　语 / 100

第四讲　语词和句子表述及其含义理论（一） / 105

　　一　传统逻辑的词句和命题分析 / 109

　　二　现代逻辑的语言分析 / 121

第五讲　语词和句子表述及其含义理论（二） / 137

　　一　简单含义与复合含义 / 141

　　二　独立含义与不独立含义 / 150

第六讲　教育现象学：不研究什么，研究什么，又如何研究？ / 163

　　一　教育现象学不研究什么？ / 167

　　二　教育现象学研究什么？ / 175

　　三　教育现象学如何研究？ / 181

第七讲　世界观的转变——从地心说到日心说 / 199

　　一　基本概念的介绍 / 202

　　二　地心说和日心说 / 219

　　三　世界观转变的动力 / 224

　　四　总结与展望 / 234

第八讲　上帝掷骰子吗？——爱因斯坦与玻尔的争论 / 245

　　一　确定论与随机论 / 248

　　二　关于三体问题 / 250

　　三　蝴蝶效应与混沌 / 251

　　四　量子力学的诞生 / 255

　　五　微观粒子的运动特性 / 258

　　六　爱因斯坦与玻尔的争论 / 264

第一讲

《论语》与仁学伦理学的可能性

1.《论语》是怎样一本书。

2. 为何文本的核心结构是"对立项"?

3. 仁学伦理学的内容及可能性。

姜宗强教授（主讲人）

我演讲的题目是《〈论语〉与仁学伦理学的可能性》，实质上是对李幼蒸先生一本著述的评析。为什么选取这样的主题呢？因为：1.我想了解中国文化传统在研究西方学问的人眼中是怎么样的？2.我想知道传统中活的东西是什么？3.我想知道传统在新的时代如何焕发活力；传统的精华到底是什么？为什么要选取李幼蒸先生的研究著作作为典范呢？基于以下原因：1.李先生有深厚的西学功底。2.李先生强调用西学的方法论研究中国古代典籍，如《论语》。3.李先生肯定中国古代典籍的价值："以'孔子'标称的这一双元人本主义伦理学，由于深植于永恒人性并已验证于漫长中华历史，遂显示了其对时空普适的伦理生命力。"［李幼蒸：《〈论语〉解释学与新仁学：仁学与现代人文科学的关系论》（上卷），中国人民大学出版社，2018，"序言"第9页］4.李先生也是西北师范大学李蒸经典诠释研究中心的学术顾问，研究他的学问，也是我们中心的任务之一，最重要的是李先生学贯中西、终身研究的学术精神值得我们学习。

我的讲述方法说明如下。1.总结概述李幼蒸先生本人的观点。2.我的评论：赞同或反对，或疑问？3.结论：仁学伦理学是可能的吗？它的主要内容及适用范围？在引述李先生的重要论述时，我会简单地标明页码，如果没有特别的说明，或提到别的书名，那么，这个页码指的就是中国人民大学出版社2018年出版的李先生的专著《论语》解释学与新仁学：仁学与现代人文科学的关系论》（上下卷）这部书。好的，下边开始演讲，总共包括以下三个部分：其一，《论语》是怎样一本书。其二，为何文本的核心结构是"对立项"？其三，仁学伦理学的内容及可能性。

一 《论语》是怎样一本书？

（一）从反驳黑格尔的命题开始

我们看到孔子和他的弟子们的谈话（即《论语》），里面所讲的是一种常识道德，这种常识道德我们哪里都找得到，在哪一个民族里都找得到，可能还要好些，这是毫无出色之点的东西。孔子只是一个实际的世间智者，在他那里，思辨的哲学是一点也没有的……只有一些善良的、老练的、道德的教训，从里面我们不能获得什么特殊的东西。西塞罗留给我们的"政治义务论"便是一本道德教训的书，比孔子所有的书内容丰富，而且更好。我们根据他的原著可以断言：为了保持孔子的名声，假使他的书从来不曾有过翻译，那倒是更好的事。[①]

这是黑格尔对《论语》的贬低性评价，那么李幼蒸是如何回应黑格尔对《论语》的批评的？李幼蒸的回应可以概括为两点：1.《论语》的确不是思辨哲学，但是思辨性不是评价哲学的唯一标准。2.《论语》不是一部道德格言集，也不是零散格言的汇集，而是存在内部文本结构的实践伦理学。

关于黑格尔对《论语》的批评，我还想补充以下几条反驳性论证：1.孔孟开创了一个伟大的儒家传统，这个传统今天还在影响着中国、日本、韩国、新加坡等国家。对孔子哲学的评价应该放在这个持续的大传统中去理解，而不是单独割裂出来一个人的一本书来孤立评价。假如我们把泰勒斯的命题"水是

---

① 黑格尔：《哲学史讲演录》第一卷，贺麟、王太庆译，商务印书馆，1996，第119~120页。

万物的本原"割裂出整个西方哲学的传统来孤立理解，在后世的人看来，这近乎是一个"白痴"的命题。2. 从持续的传统及对世界的影响力而言，黑格尔所抬高的西塞罗根本无法与孔子相提并论。并且，西塞罗（前 106~前 43）比孔子（前 551~前 479）晚出生 400 多年。3. 黑格尔将孔子描述为"老练的智者"，这个评价后来又被德国学者韦伯理解为"世故圆滑"，这与历史上的孔子的真实形象不符。美国汉学家狄百瑞批评韦伯所刻画的后世儒生世俗且老于世故的画像，距离孔孟所代表的真正君子的形象差得有多么远！① 狄百瑞追问：我们正在谈论谁的儒家？是孔子在《论语》中的原初教导？还是后来对孔子观点的改变和扭曲？在什么背景下，我们停留在那里，不容许去探讨以后的儒家，如对孔子思想的扩大和发展做出过重要贡献的思想家，朱熹、王阳明、黄宗羲等宋明新儒学思想家的观点？我们应探讨的不仅是孔子本人的教导，而且应包括后续的其他经典儒家，如孟子、荀子以至宋明新儒家等后世儒教思想家的观点。②

那么，孔子的真实形象是什么样的呢？司马迁在《孔子世家》中有记载，孔子是司马迁从宫刑的厄运中站起来的精神力量之一。司马迁给予他超出老子、孙子等人的评价和位置。司马迁在《史记·孔子世家》中将之列为"世家"；老子、孙子、韩非子、仲尼弟子等列为低一层的"列传"，表明对孔子"立

---

① Wm. Theodore de Bary, *The Trouble with Confucianism*, London: Harvard up, 1191 8.

② Wm. Theodore de Bary, *The Trouble with Confucianism*, London: Harvard up, 1191 "Preface".

德"高于"立功"的判断。司马迁进一步评价孔子高山仰止，布衣胜帝王，可谓至圣矣！另外，孔子"立德"不仅指确立个人品德，而且确立社会的是非标准，孔子作《春秋》，乱臣贼子惧。司马迁评价"《春秋》以道义，拨乱世而反之正"。孔子对司马迁最重要的人格影响见下边著名的段落：

> 盖文王拘而演《周易》；仲尼厄而作《春秋》；屈原放逐，乃赋《离骚》；左丘失明，厥有《国语》；孙子膑脚，《兵法》修列；不韦迁蜀，世传《吕览》；韩非囚秦，《说难》《孤愤》；《诗》三百篇，大底圣贤发愤之所为作也。此人皆意有所郁结，不得通其道，故述往事、思来者。①

另外，在黑格尔的《哲学史讲演录》第一卷中还有 3 处提到孔子，要么浅尝辄止，要么存在误解。具体为以下 3 处。

（1）谈到《易经》："文王同他的儿子周公把《易经》弄成孔子所读到的那样情况，后来孔子曾经把这些注释加以综合和扩充。"（第 121 页）

（2）关于孔子作《春秋》"经史合参"的传统。黑格尔只提到"他还著了一种历史"（第 119 页）。

（3）关于孔子的"仁学"与国家宗教"儒教"的关系问题。黑格尔的原话如下。

> 中国人有一个国家的宗教，这就是皇帝的宗教，士大

---

① 《报任安书》，见《汉书·司马迁传》。

夫的宗教。这个宗教尊敬天为最高的力量，特别与以隆重的仪式庆祝一年的季节的典礼相联系。我们可以说，这种自然宗教的特点是这样的："皇帝居最高的地位，为自然的主宰，举凡一切与自然力量相关联的事物，都是从他出发。与这种自然宗教相结合，就是从孔子那里发挥出来的道德教训。"（评："天"与"天子"的学说）——但在中国人那里，道德义务的本身就是法律、规律、命令的规定。所以中国人既没有我们所谓的法律，也没有我们所谓的道德。那乃是一个国家的道德。当我们说中国哲学，说孔子的哲学，并加以夸美时，则我们须了解所说的、所夸美的只是这种道德。这道德包含臣对君的义务，子对父、父对子的义务以及兄弟姐妹之间的义务。这里包含很多优良的东西，但当中国人如此重视的义务得到实践时，这种义务的实践只是形式的，不是自由的内心的情感，不是主观的自由。所以学者们也受皇帝命令的支配。凡是要想当士大夫、做国家官吏的人，必须研究孔子的哲学而且须经过各种考试。这样，孔子的哲学就是国家哲学。①

李幼蒸强调：要从儒教、儒家、儒学中区分出孔子的真精神——"仁学"。从李幼蒸的这个观点来看，黑格尔误把国家哲学"儒教"当成孔子的"仁学"，所以，黑格尔对孔子学说的判断理解是有误的。本人认为：受当时时代条件限制，黑格尔对

① 黑格尔：《哲学史讲演录》第一卷，贺麟、王太庆译，商务印书馆，1996，第125页。

孔子、对中国哲学的知识，所知有限，可以说，只知道些皮毛。没有资料显示黑格尔懂中文，他所读的关于孔子的资料有限，从《哲学史讲演录》的注释中可以看出，他接触的仅仅是当时传教士翻译的二手的孔子文献（如：耶稣会神父普罗斯佩利·若内塔、赫尔特利希、卢热孟、古布累等将孔子思想译述为拉丁文并注释的《中国哲学家孔子或中国的学问》，该书 1687 年在巴黎出版，其中讲解多于翻译）。究其根本，黑格尔误判孔子的原因在于对中国古典文献的不熟悉，仅凭二手材料浅尝辄止。

（二）《论语》的形成及其文本特征

讨论了黑格尔对孔子及其著述的上述误解误读之后，我们不妨来看一下李幼蒸先生如何理解历史上孔子的著述以及《论语》的形成及其文本特征。

虽然历史上的孔子其人不可能完全复原，但是李幼蒸认为其书的主旨精神、真精神可以相对复原，《论语》的文本特征就可以切近观察，李幼蒸强调《论语》文本的"对比项""对立项"的指令句特征。

首先，我们讨论《论语》的作者问题。李幼蒸指出：1. 关于《论语》的作者身份问题，我们首先应该区分其"思想作者"（孔子）和"文本作者"（诸弟子及后世编写者）。大致来说，《论语》中孔子为原始口头文本的"主要作者"。若干主要弟子为其"次要作者"，诸弟子的工作主要是对该口头文本的"记忆与编辑"（当时不可能存在可方便使用的"笔纸"类工具供弟子们随时记忆），形成最初的"口头章句汇集"，即口传阶段。2. 其后，当书写工具进步后，后世编写者除继续参与编写加工外，还将口头文本转变为书写文本（如，竹帛刻写，方便幼年学子读记），即文字文本阶段。3. 结论：《论语》文本的作者，不是孔子一个人，而是一群人，是一个群体，是孔子及其后续弟子的群体创作。《论语》的最终形成经历了前后 400 多年的时间。

那么，《论语》的具体成书过程是怎样的呢？李幼蒸认为："关于《论语》的真实编写过程，不可能采取历史上各种无法考证的传说。"[1] 在当代学者的各种研究中，他认为台湾学者胡志奎的研究相对较为可取（胡志奎：《论语辨证》，台湾联经出版事业公司，1983），可以采纳。根据胡志奎先生的研究，《论语》的编写完成，经历了前后几百年的时间，主要可划分为三个阶段：（1）春秋末战国初的第一次编定，其主要内容为今本的上论（含不同口头版本）。（2）战国中末期，《孟子》形成后《论语》的第二次编定。其主要内容为今本的下论（含不同口头版本）。这个版本，根据胡志奎的研究，加插进了《孟子》一书的少数内容。所以，李幼蒸认为：在基本思想方向上，《孟子》与《论语》两书的思想高度一致，只有将两者关联起来进行诠释，才能直观呈现仁学伦理学的整体风貌。（3）战国末至西汉张禹期间，陆续补充编辑直至张禹最后完成第三次编定。

张禹（？～前 5），字子文，西汉大臣，著名经学家，在公元前 45 年前后，经太子太傅肖望之和博士郑宽中推荐，张禹成为太子的经师。由于《论语》在秦始皇统治时期一度遭到查禁，到了汉代，传下来的《论语》有三种版本：一是由鲁国的经师保存下来的《鲁论》；二是由齐国的经师保存下来的《齐论》；

---

[1] 李幼蒸：《〈论语〉解释学与新仁学：仁学与现代人文科学的关系论》（上卷），中国人民大学出版社，2018，第 76 页。

三是从孔子的旧宅墙壁中得到的用篆书书写的《论语》，因是古文本，被称为《古语》。三种版本的《论语》在西汉时都有流传。张禹在研习、讲授《论语》时，通过对《鲁论》《齐论》的反复比较、斟酌，将两种版本整理为一个本子《论语章句》。张禹整理的《论语章句》被称为《张侯论》。东汉末年，大经学家郑玄又依据《张侯论》，并参考《古论》，为《论语》作注。至此，汉代流传的《论语》三种版本合而为一，并一直沿传到唐、宋、元、明、清。无论是三国时何晏的《论语集解》，唐代韩愈的《论语笔解》，还是南宋朱熹的《论语集注》和近现代各种《论语》的注解本，其依据的都是《张侯论》。

　　将上述研究总结如下。1. 首先，《论语》不是孔子一个人的作品，而是以孔子为代表的一个经历了前后 400 多年的"仁学"团体、"仁学"传统的集体创作。2. 诠释《论语》作品，不仅要考虑文本表面字义，还要考虑其"历史经验语境"的参照义。3. 读者最终通过"文本整体性"与"现实整体性"双重情境来规定诸个别字词、句段的确义，才能深度读解《论语》。4. 李幼蒸强调用新方法，而不拘泥于以旧方法诠释《论语》，新方法就是现代解释学方法。这样也就不存在对所谓追溯"孔子原话"的学术需要，此种读解方略使我们可以摆脱历来有关《论语》文本"真假""先后"的文献学"实证性辨析"，而代之以仁学伦理性义理一致性思考原则。凡《论语》中合乎或接近仁学义理精神的章句即视为"读解有效文本"，即所谓"真文本"；凡《论语》中不合乎仁学主旨的章句即加以排除[①]。质言之，仁

---

① 李幼蒸：《〈论语〉解释学与新仁学：仁学与现代人文科学的关系论》（上卷），第 58~59 页。

学的真精神才是判断文本真假的根本标准。

根据新的解释学的方法，李幼蒸指出：基本上，我们完全根据现代知识及伦理理性对《论语》文本内容价值上判断进行区分，而不直接采取古人有关"真伪"问题的判断及有关"真实作者"的推测，那么，具体到《论语》文本中，哪些才是真正仁学的构成部分呢？李幼蒸做了如下判断：

a.《论语》大约三分之二按其伦理思想内涵为"孔门原本"。

b. 大约十分之二属于所谓"伪作"，即其内容或无关于伦理思想本身（如，第十篇《乡党》），或与a部分观点相违（如，第二十篇），两篇均为后儒所作。

c. 此部分观点与a近似，但伦理学上价值较弱，但为古代儒家普遍接受。

结论：仁学伦理学应该"将b部分完全删除"。①

实质上，《论语》中大部分文本的真正仁学思想与少部分非仁学或反仁学的思想并存，因此，只有经过主动积极的文句选择性工作，才能使仁学思想整体性浮现。李幼蒸指出：今传"先秦思想文集"内容大多经过汉人的实际收集，想象补充和组织编写，并不一定是原初先秦思想之如实再现。经过汉代"罢黜百家，独尊儒术"的官方哲学的改造，掺入少量非仁学的思想，也

---

① 李幼蒸：《〈论语〉解释学与新仁学：仁学与现代人文科学的关系论》（上卷），第58页。

是在可理解的范围之内。尽管如此，400年间跨时空的"论语编辑部"，心有灵犀一点通地维持着某种相对一致的编选观点，是《论语》大体成为"一本书"或一个伦理学体系的根本原因。①

李幼蒸同时强调，孔孟文本的特征是"对比句"结构。也就是说，李幼蒸理解的仁学伦理学的主要内容就是体现在《论语》《孟子》文本中的仁学义理思想。这种仁学义理思想在文本中最突出的表现方式是"二元对立"的"对比句式"。这种"对比句式"在伦理上起到两种作用：一种明辨是非善恶；一种促使人在行为上选择善。前一种作用，李幼蒸称之为"认知性"作用；后一种李幼蒸称之为"促动性"作用。《论语》《孟子》的主要内容就是由数百个这样的"二元对立或对比"的指令句构成。例如，《论语》中"君子喻于义，小人喻于利"，君子与小人对立，义与利对立。《孟子》中"舍生取义"，舍与取对立；苟生与取义对立。类似的"二元对立"的"对比句式"还可以枚举很多：

> 君子周而不比，小人比而不周。
>
> 君子怀德，小人怀土。
>
> 君子坦荡荡，小人长戚戚。
>
> 君子成人之美，不成人之恶，小人反是。
>
> 君子和而不同，小人同而不和。
>
> 君子泰而不骄，小人骄而不泰。
>
> 君子固穷，小人穷斯滥矣。
>
> ……

---

① 李幼蒸：《〈论语〉解释学与新仁学：仁学与现代人文科学的关系论》（上卷），第56页。

李幼蒸认为这正是中国文化独特的"实践性类型"的伦理学，而不同于西方的"逻辑推论性系统"类型的伦理学。那么，造成这种"二元对立"的文本结构特点的根本原因是什么？李幼蒸认为：主要是在一种压力环境下的抗争所致。那么这种压力环境到底是什么？这是我们下边第二部分主要关注的内容。

二 为何文本的核心结构是"对立项"？

我们先从原始仁学的产生谈起，才能把这个问题谈清楚。

（一）原始仁学的产生

根据李幼蒸先生的判断，原始仁学的产生大致分为三个阶段：a. 殷周前的初级文明时代；b. 周代封建文化时代；c. 秦后儒教大一统的儒学时代。

那么，最初的善恶又是怎么产生的呢？（1）原始人由于性格、体质不同，天然形成偏于"强狠狡诈"型性格和偏于"屈顺迟钝"型性格。前者较多欺凌心和奴役心，后者较多同情心和相助心。这是伦理上善恶的开端。（2）人类从弱肉强食的动物"利害"心进化到人性善恶的"同情"心、"道德"感，经历了漫长的历史时期。（3）原始仁学是中华文明史上的特殊时期（春秋战国）突然闯入历史舞台的"一道彗星之光"。[①]（4）《论语》（春秋时期）、《孟子》（战国时期）两部书确立了以"善端"为立足点的仁学体系，是对殷周零散伦理思想的继承和发展，

---

① 李幼蒸：《〈论语〉解释学与新仁学：仁学与现代人文科学的关系论》（上卷），第69页。

是与"官方话语系统"相对立的民间具独立精神之"读书人"的作品。①（5）秦以后的仁学伦理学是人性良知在几千年历史上与法家权势学传统对峙中逐渐形成，并通过两千年儒教历史中的文化学术实践方式维持生命力。②

（二）原始仁学的进一步发展

（1）秦汉奠定的中华历史模式是法家模式，是法家的"政治哲学"对"仁学政治伦理学"的压制与利用。几千年来仁学文本对仁学精神文化的记录，本质上是在仁学精神与法家限制性环境的或明或隐的对立中产生的。③（2）法家的权力与仁学的个人良知之间的对峙关系，反映着人类历史上平行存在的两套"生存路线"：权势传承路线和精神文化传承路线。二者奉行两套不同的"实践学逻辑"。④前者强调权势至上；后者强调仁义至上。（3）这是两套不同的逻辑常常表现为"良知"与"权力"的对抗。为此，仁学及仁者常常需要"处理"与各种权势的对峙关系，以便维护自身的逻辑以及自身仁学实践的贯彻。⑤例如：孟子见王，常常都是在二元对立的环境和气氛下进

---

① 李幼蒸：《〈论语〉解释学与新仁学：仁学与现代人文科学的关系论》（上卷），第4页。
② 李幼蒸：《〈论语〉解释学与新仁学：仁学与现代人文科学的关系论》（上卷），第160页。
③ 李幼蒸：《〈论语〉解释学与新仁学：仁学与现代人文科学的关系论》（上卷），第162~163页。
④ 李幼蒸：《〈论语〉解释学与新仁学：仁学与现代人文科学的关系论》（上卷），第163页。
⑤ 李幼蒸：《〈论语〉解释学与新仁学：仁学与现代人文科学的关系论》（上卷），第163页。

行的，也奠定了以后儒臣规谏、劝谏国王的"廷诤"模式。这正是孔孟文本结构呈现"二元对比项"的现实情境及原因——以道德抗争权势。下边是几个孟子见国王的例子：

> 孟子见梁惠王。王曰："叟！不远千里而来，亦将有以利吾国乎？"孟子对曰："王何必曰利？亦有仁义而已矣。"（《孟子·梁惠王上》）
>
> 孟子见梁襄王，……卒然问曰："天下恶乎定？"吾对曰："定于一。""孰能一之？"对曰："不嗜杀人者能一之。"（《孟子·梁惠王上》）

狄百瑞指出："孟子构想的重点可能是通过独立的封建士族制衡和真正的君子的管理，作为对统治者的财富和集权的制衡力量，来有效地发挥这种独立的先知职能。"[1] 因此，原始仁学面临的最大压力与暴秦的"焚书坑儒"、汉武帝的"罢黜百家"等社会政治环境密切相关，孟子对暴君提出过尖锐的抨击："贼仁者谓之贼，贼义者谓之残，残贼之人谓之一夫。闻诛一夫纣矣，未闻弑君也。"[2] 由此，李幼蒸判断："仁者士精神面对的压力环境：秦后大一统的帝王专制基础除包括法家硬件系统外，还包括作为帝王权势合法性意识形态根源的天道观、帝统观，以及将儒学学术思想作为帝王思想权势意识形态工具的道统观。"[3] 所以，在不同历史时期的各种压力下，现存的儒家经

---

① Wm.Theodore de Bary, *The Trouble with Confucianism*, 17.
② 《孟子》。
③ 李幼蒸：《〈论语〉解释学与新仁学：仁学与现代人文科学的关系论》（上卷），第49页。

典必然累积、混杂了与原始仁学不同的各种思想。李幼蒸认为主要混杂、"层垒"了以下思想：

> a.《论语》和《孟子》中的原始仁学思想（狭义）。
> b. 原始仁学被法家政治哲学变相利用的成果。
> c. 原始仁学被官方意识形态儒教变相利用了的学术成果。①

所以，要恢复古典"仁学"的本来面目，就必须"剥洋葱"一般，将法家、儒教、儒学层层剥去，留下的核心部分就是"仁学"精华。②

第一层剥去的是"法家"。恶倾向起源于人类的兽性，比善倾向的历史还要久远得多，在人性上表现为强悍、残暴、狡黠。历史上的暴君的暴虐行为强化了这一倾向。这一"强横政军倾向"的历史惯性，自春秋战国以来被"法家""术士""说客"等代表的"权势计谋学"予以系统化或准理论化，即为法家。我们遂用"广义法家"表示这类有史以来的全部类似倾向，而用"狭义法家"专指史书上的古代政治家及谋士，如管仲、商鞅、韩非等。③例如，秦始皇、汉武帝以及春秋战国时期的很多君王都是法家的代表，都有称霸天下的"法家野心"。而"孟子与王侯之间的对话式对立，更是清晰地表现出仁学伦理精神与法家权

---

① 李幼蒸：《〈论语〉解释学与新仁学：仁学与现代人文科学的关系论》（上卷），第68页。
② 李幼蒸：《〈论语〉解释学与新仁学：仁学与现代人文科学的关系论》（上卷），第63页。
③ 李幼蒸：《〈论语〉解释学与新仁学：仁学与现代人文科学的关系论》（上卷），第22页。

力哲学之间在价值观上的根本对立性",“仁学伦理学的产生就是在与法家潮流（兼含思想与活动）的直接对峙中发生的"。①

第二层剥去的是"儒教"。秦为汉奠定了政权的基础，汉则在此基础上丰富完善了封建专制帝国的制度与规模。尤其汉武帝罢黜百家、独尊儒术，通过神圣化孔子及其学说，迫使仁义观与帝统观、天子观结合在一起为帝王专制服务。原始仁学遂被改造为为帝王统治者服务的儒教意识形态。这种政治意识形态被称为儒教。儒教是"软件"，其政治制度的"硬体"核心是法家。②

第三层剥去的是"儒学"。儒学是儒家学术思想的总称，如果说儒教是政治制度中的思想上层建筑，那么，儒学既有含摄在法家儒教政治意识形态中的思想，也有与法家儒教政治意识形态格格不入的原始仁学思想。必须对之去粗取精、去伪存真，才能彰显原始仁学与法家儒教政治意识形态格格不入的仁义至上的仁学思想。

总之，通过以上三层的层层解析，才能留下传统儒学的"核心""精华"——仁学。为此，李幼蒸从狭义和广义两个方面为仁学下定义。（1）狭义仁学：指符合孔孟原始仁学精神的《论语》《孟子》中的核心精华部分，也称"真孔子言"。其特点是主动性价值观及主体实践论。（2）广义仁学：受"真孔子言"影响，从不同方面渗透到历史上一切中国人（包括统治者与被统治者）的现实观、人本观、理性观、善恶观、实用观、爱智观等中华文明伦理价值观的总称。相较狭义仁学而言，其特点

① 李幼蒸：《〈论语〉解释学与新仁学：仁学与现代人文科学的关系论》（上卷），第32页。
② 李幼蒸：《〈论语〉解释学与新仁学：仁学与现代人文科学的关系论》（上卷），第32页。

是受动性价值观。[1]

那么，信奉传统仁学的是哪些人呢？（1）普通大众：仁学教化；（2）读书人：四书五经、科举考试；（3）官员分化为两部分：一是儒教官吏；二是信奉仁学的"士君子"，这部分人是原始仁学传统的继承者与发扬者。但是，这部分人面临着与环境的张力和困境。因为，在信奉仁学的士君子看来，从仕奉公的行为即相当于按照孔学精神在参与仁学实践，但是，实际上其实践的对象、目的、方式、方向均安排、受制于皇权与法家的权势，而只有在其诗画自娱、文史著述等"文学式"创作嗜好中才践行着合乎仁学精神的活动，并展现着合乎仁学义理的情怀。[2]于是，这类人的生活便在入衙处公（相当于今日职场内的奉公工作）与返邸吟诗（相当于今日的自由创作）之间矛盾徘徊。两千年来古人在奉公之余毕竟留存下来如此众多的按照个人志趣创作的精神文化作品，成为广义仁学的文本承载载体。[3]例如，朱熹短暂从仕生涯看似是其"正业"，实际上其退居家园后经营的学术建设与思想创发才是他独立的精神事业。[4]又如，辛弃疾、陆游在社会生活中担任职位并具有恢复失土的军政关怀，但这并不影响其经营诗词创作的精神文化事业。又如，郑板桥的名诗《潍县署中画竹呈年伯包大中丞括》："衙斋

---

[1] 李幼蒸：《〈论语〉解释学与新仁学：仁学与现代人文科学的关系论》（上卷），第33页。

[2] 李幼蒸：《〈论语〉解释学与新仁学：仁学与现代人文科学的关系论》（上卷），第158页。

[3] 李幼蒸：《〈论语〉解释学与新仁学：仁学与现代人文科学的关系论》（上卷），第164页。

[4] 李幼蒸：《〈论语〉解释学与新仁学：仁学与现代人文科学的关系论》（上卷），第156页。

卧听萧萧竹，疑是民间疾苦声。些小吾曹州县吏，一枝一叶总关情。"这些例子说明，古典仁学存在于儒教、儒学体制内，却以独立的方式维持着自身的"思想自治区"。[①]孔子的仕途不顺，转而为文，预示了这一类人的归宿。

对古代仁学价值的总体评价。政治上的失败和伦理上、文化上的成功是其作用的一体两面。在两千多年的历史现实中，仁学参与儒教政治的正面作用有限，除了少数明君、良相、清官的正面作用外，对政治制度与政治生态的改善少有建树。仁学的真正独立贡献表现在精神文化领域，在传统社会中，这就是文、史、哲、宗、艺等领域内的优秀创作及其传承。这些精神文化作品构成了民族精神的永恒宝藏，这才是仁学精神对于中华历史的真正贡献。[②]范仲淹的千古名句"先天下之忧而忧，后天下之乐而乐"已成为仁学真精神的代表，活在无数仁人志士的精神血脉中。

新仁学的起点。1912 年孙中山建立中华民国，推翻长达几千年的封建帝制，与之相伴的建立在封建社会生产力和经济基础上的以儒教为代表的旧文化也应该受到批判性检视，做到去粗取精、去伪存真。这就是李幼蒸强调将传统仁学从法家、儒教中剥离出来的原因，也是新仁学赖以产生的社会基础以及现代学术起点。李幼蒸指出"新仁学"是建立在"原始仁学"的基础上："孔子思想奠定了仁学伦理学的一般系统，而孟子思想

---

① 李幼蒸:《〈论语〉解释学与新仁学：仁学与现代人文科学的关系论》（上卷），第 156 页。
② 李幼蒸:《〈论语〉解释学与新仁学：仁学与现代人文科学的关系论》（上卷），第 162 页。

体现为该思想在特殊历史领域的运用实践。所以，我们在本书中专门讨论《论语》章句的现代意涵，但也不时在行文中涉及《孟子》文本的部分。""所谓新仁学，不过是指对于原始仁学的新理解以及对原始仁学在全球化时代的新实践领域和新方向的探索。"① 实际上，李幼蒸所强调的"新仁学"就是在新的现代制度下，对古典文化的去粗取精、去伪存真，与全球化时代对接而达到返本开新的创造性转化过程。具体而言，李幼蒸对"新仁学"的构想，包括在下边这段话中：

最后，我们将今日最具有时代意义的《论语》《孟子》文本中的精华语句摘录出来作为附录列于书后——实际上，仁学的人本伦理理性义理及其在历史上可考的实践力均已包含在《论语》《孟子》两书的这些精华句段中了。②

本人理解的"新仁学"，狭义地讲，就是对《论语》《孟子》两书的这些精华句段在新的时代条件下加以发挥的新解释和新应用。

三 现代新仁学——仁学伦理学的内容及可能性

（一）仁学伦理学的总体内容

李幼蒸指出：仁学伦理学的核心精华是伦理价值观（仁学）和主体实践论（心学）。③ 也就是说，仁学和心学共同发端于孔

① 李幼蒸：《〈论语〉解释学与新仁学：仁学与现代人文科学的关系论》（上卷），"序言"第12页。
② 李幼蒸：《〈论语〉解释学与新仁学：仁学与现代人文科学的关系论》（上卷），与"序言"，第13页。
③ "序言"第9页。

孟，但仁学侧重孔孟；心学的重点在王阳明。李幼蒸在《〈论语〉解释学与新仁学》（上下卷）这部书中只涉及第一个方面，即用现代解释学更新仁学，而心学则需要现象学方法来分析更新，但是，心学这部分的内容付之阙如。

关于"心学"的研究计划，李幼蒸是这样陈述的，他说：（我）40年来着重研究、引述和译介胡塞尔现象学思想，但目的与观点和当代西方现象哲学界完全不同，而是纯粹从意识心理学与伦理意志论角度将其学、其思、其理介绍于中国学界，以为未来人类新伦理学建设从"新心学"角度提供知识论准备，与此同时提出胡塞尔的"理论心学"与王阳明的"实践心学"的比较研究的新方向。①

既然"实践心学"还在写作计划中，我们只能将讨论重心放在以《论语》为核心的传统伦理学的内容上。首先，为什么《论语》可以称作伦理学？

《论语》文本，其思想表达方式是"格言体文句集结"，不像后世学术理论发展所采用的那种系统论述的方法。然而，此书之所以具有这样伟大的时代性价值，恰恰在于其古朴表达的形式本身：一种意在"以言促行"的直观经验性表达法。其价值学上的根据在于：诸格言句不仅直接来自人性经验本身，而且多表现于实践主体的心理动机层及态度层场域。后者正是伦理心理学因素的存在领域，故具有历史上的时空普适性。李幼蒸指出，西方纯粹逻辑学理性质探讨的伦理学并不适合描述中

---

① 李幼蒸：《〈论语〉解释学与新仁学：仁学与现代人文科学的关系论》（上卷），"序言"第7页。

国伦理学"以言促行""知行合一"的特点，必须用中国伦理学的视域矫正西方。为此，李幼蒸提出一个惊人的论断：一方面我们需要学习西学，另一方面我们要打破东方对西方人文科学理论的某种"盲目崇拜"。在以上诸（西学）研究实践后，以及结合中国传统思想史的会通思考后，本人得出一个至今难为国内外人文理论界理解的有关中西人文理论认识论的"突破性结论"，这就是：哲学学科和伦理学科应该被视为两个不同的学科。[①]"如果命运假我数年，也许我有机会完成另一部相关主题的英文专著，以对西方思想史上这一根深蒂固的'西方伦理意识形态'进行深切解剖析。"[②]

实际上，李幼蒸是在为《论语》为代表的中国传统伦理学正名，他认为中国传统伦理自有自己的独特性和优越性。他批评"西方伦理意识形态"，是指西方哲学伦理学中过分强调思辨理性的逻辑中心主义本位，同时也就批评了割裂目的与手段、动机与效果的执于一段的片面思维。他强调焕发"知行合一""经史合参"的生活实践本位的中国传统伦理学的价值。

李幼蒸指出："仁学实践学分为内实践与外实践两域，即动机态度形成域与行为运作域。"[③]"仁学实践学的理性主义表现在强调动机、目的、手段三者之间的可验证一贯性（实践逻辑的一致性），此所谓'理性'无须额外的逻辑性支撑，但须坚持内

---

① 李幼蒸：《〈论语〉解释学与新仁学：仁学与现代人文科学的关系论》（上卷），"序言"第 7 页。
② 李幼蒸：《〈论语〉解释学与新仁学：仁学与现代人文科学的关系论》（上卷），"序言"第 7 页。
③ 李幼蒸：《〈论语〉解释学与新仁学：仁学与现代人文科学的关系论》（上卷），第 45 页。

外实践方式的全面一致性。"① 换言之，此理性主义为实践理性，并非纯粹理性。

以一个例子"不许说谎"的命题来说明："言不必信"（说明纯粹动机论不行）；"行不必果"（说明纯粹效果论也不行）；"惟义所在"（超越动机与效果坚执对立的两端，而达致更高阶段上的融合，行为的取舍要以根本目的符合道义为最高原则）。②

（二）传统仁学伦理学的领域及优长

根据李幼蒸的观点，传统仁学可以贡献给伦理学研究以下的思考领域：（1）"仁学"即"爱人之学"。（2）品德学：三达德"智仁勇"。（3）孝学模式。（4）友学模式。（5）辨伪学，即"反乡愿学"。（6）君子小人二分法。（7）士君子人格的两种形态学"狂"与"狷"。传统仁学伦理学的优长突出地表现为以下几点：A. 知行合一（反对割裂动机与效果）；B. 人本主义（与宗教神本主义相对立）；C. 理性主义（指实践理性，而非纯粹理性或逻辑理性）；D. 经验主义（符合生活经验，验证于历史，而非逻辑）。

（三）传统仁学伦理学如何更新？

李幼蒸认为：（1）由于现代社会政治改良，仁学的"压力场"和实践域由传统的政治领域转向学术创造领域。（2）中华仁学是唯一一种非宗教性的、现实人本经验主义的伦理信仰体系。这种人类文明史上的奇特传统，有条件与现代人文科学

---

① 李幼蒸：《〈论语〉解释学与新仁学：仁学与现代人文科学的关系论》（上卷），第46页。
② 见《孟子·离娄下》。

的基本特性及经验理性的大方向相吻合，可以提供中国乃至世界未来人文科学科学化发展所需的价值观框架及伦理方向性指南。①（3）"真"价值，在中华文明史上体现于史学认知上，而非逻辑认知的逻辑真值。中国传统不仅有《论语》中孔子直接表达的对历史真实的经验主义态度，而且有其后两千多年的传统史家们普遍信奉传承的"纪实"精神②，这也表现为中国古人经史合参的治学方法。（4）在此人类经验理性共识领域，人文社会科学和仁学的主要方法论内容均可被各方采纳，因为经验理性归纳法，至今为止仍然是人类各种社会性行为（包括历史与政治）唯一具有经验可行性的方法论（科学方法论）。简言之，经验理性认知属于一切正常人类之共识部分（因基于共同人性，如同基于共同的衣食住行需要），而对此共识所加的各种"准理论性、思辨性、想象性诠释"，只会引发各种不同信仰集团之间的各种不必要的解释性争论。③（5）所以新仁学的两大任务：A. 恢复古典仁学的真精神；B. 在今天全球化的新时代，为现代人文科学建设的伦理价值观方向提供指南，促进人文科学中的现实人本主义、求真实证主义、历史经验主义等治学实践。（6）为了完成上述两大任务，李幼蒸强调将现代西方解释学、现象学、语言分析哲学等新知新方法用于分析中国古代典籍，不能因循守旧、抱残守缺。具体到《论语》的新解释，在

---

① 李幼蒸：《〈论语〉解释学与新仁学：仁学与现代人文科学的关系论》（上卷），"序言"第 4 页。
② 李幼蒸：《〈论语〉解释学与新仁学：仁学与现代人文科学的关系论》（上卷），第 49 页。
③ 李幼蒸：《〈论语〉解释学与新仁学：仁学与现代人文科学的关系论》（上卷），第 167~168 页。

近一千页的《论语》诠释中，他采用了对比项、旧解摘要、含义引申、现代意义等诸多环节，以实现旧学的创造性更新。用他自己的话说，我们需要对古代典籍按照今天的新知、新学、新理进行"既复原又更新"的"解释学分析"，目的在于：有效"激活"此两千多年前的原始伦理性话语之现代精神生命力，也就是在历史与现实之间架起一座思想沟通的桥梁，使其在现代科技与工商文明主导的世界中发挥巨大的作用。①

由于现代资本主义社会"资本加技术"所形成的垄断权势形态正影响人类物质化文明的方向，学术文化创造实践被市场利益与专业化分工所操纵，人文科学的正误是非标准问题可能转化为学术市场上价值高低的问题。人文科学的异化在全球人文学界表现为仅仅关注自身职业化得失问题，根本不关心自身学术理论的"科学性质量"问题；关心市场销路，多于关心学术真理的品质。正是在此处，孔子之"学"的概念内涵的无限开放性及其"成君子学""思考如何成人之学""君子不器"的精华思想，将成为现代人文科学发展的伦理指南。②

所以，更高阶段的新的仁学伦理学的界定：伦理学是关注人生价值观问题的智慧选择学。其基于人性经验主义善端的人生方向和目标之选择为：通过理性伦理学思想不断地扩大与增深人类的认知范围与深度③；对科技文明所导致的物化权势综合

---

① 李幼蒸：《〈论语〉解释学与新仁学：仁学与现代人文科学的关系论》（上卷），"序言"第9页。
② 李幼蒸：《〈论语〉解释学与新仁学：仁学与现代人文科学的关系论》（上卷），"序言"第11~14页。
③ 李幼蒸：《〈论语〉解释学与新仁学：仁学与现代人文科学的关系论》（上卷），第145页。

体而言，其首要的问题是关注主体独立伦理意志力的重建[①]；仁学伦理学作为"非宗教性的伦理信仰学"——宗教伦理学以信仰代替思维的实践方式，相当于隔绝了根植于人性经验的"学"的实践方向。而仁学伦理学的"本质"与其主要"实践方式"——"学"却与一切宗教信仰形态相区别，并且"相反地"开辟了"向学的"现实理性精神生活追求的文明大方向。[②]

（四）新的仁学伦理学能成立吗？

新的仁学伦理学能成立吗？这个问题关涉李幼蒸关于中国"仁学伦理学"的整体架构，他认为，中国"仁学伦理学"的中心内容是"双元人本主义伦理学"，这个"双元人本主义伦理学"包括两部分内容：（1）以《论语》《孟子》为核心的"伦理价值观"（仁学）；（2）以阳明学为核心的"主体实践论"（心学）。李幼蒸以现代解释学研究孔孟仁学的专著《〈论语〉解释学与新仁学》（上下卷）这部书已经出版，但是李幼蒸以现象学方法研究阳明心学的专著还没有出版，所以，我们还无法完全断言新的仁学伦理学能否成立。现在断言还为时过早，我们将拭目以待，我们大家也可参与其中，大胆假设，小心求证，为这项学术工程贡献自己的心智。另外，本人关于李幼蒸已有"仁学"论述的贡献几点反思，与大家共同探讨。

（1）没有纯粹理性的实践理性真的可靠吗？数学的逻辑和

---

① 李幼蒸：《〈论语〉解释学与新仁学：仁学与现代人文科学的关系论》（上卷），第 147 页。

② 李幼蒸：《〈论语〉解释学与新仁学：仁学与现代人文科学的关系论》（上卷），第 150 页。

生活的逻辑是一回事吗？生活历史的逻辑和数学的逻辑哪个更重要？或者说，各自有各自的分工领域？

（2）人本主义伦理学对立于宗教伦理学，宗教伦理学真的那么不堪一击吗？尤其对于普罗大众。

（3）中国传统文化的优势究竟在哪里？李幼蒸认为是人本主义伦理学。张志扬则提出了另一回答，中国"贵无"的传统智慧文化与亚里士多德开创的智能文化的区别。还可以有更多的视角吗？

（4）专业划分与限制，使当代文科博士生学术研究趋向平庸化，李幼蒸先生博采众长的方法论上的启发，使西方哲学的方法可以与中国古代典籍的研究相结合，达到会通中外、学贯中西的理想，这也是我们中西人文经典诠释研究中心的理想。

✐ 问答部分

- **提问者 1**：儒教、儒学、仁学之间的关系是怎样的？

- **姜宗强**：借用马克思主义经济基础与上层建筑的概念来加以说明，在封建土地所有制的经济基础上矗立着法家政治上层建筑和儒教思想上层建筑。被意识形态化了的为帝王天子合理化、合法化做论证的儒学就构成了儒教部分；未被意识形态化了的、保持了孔孟原始真精神的儒学就构成了仁学部分。

- **提问者 2**：认为《论语》的成书前后经历了 400 多年的过程，是集体创作，这种说法是否可信？

- **姜宗强**：根据目前学术界的研究，应该较为可信。这种研究方法也是世界上研究古籍经常使用到的方法，有时候将古籍的成书经过一直追溯到口传阶段。例如，在圣经学术界，最初认为"摩西五经"是摩西一个人所作，后来批判学者发现"摩西五经"中存在摩西去世后的作品，于是提出"五经的底本说"，认为"摩西五经"的成书经过了几百年时间，是集体创作，汇集了 J、E、D、P 四个不同来源的底本。《以赛亚书》的研究也是如此，最初认为是一个作者的统一作品，后来发现至少有三个不同的作者——"第一以赛亚""第二以赛亚""第三以赛亚"，前后成书也经历了几百年的时间。

- **提问者 3**：解释学、现象学这些西方哲学的研究方法，应用到研究中国古代典籍中是否合适？

- **姜宗强**：解释学、现象学方法被广泛应用到人文社会科学的各个领域，解释学在国内也被翻译为"阐释学""诠释学"等，和中国传统的注经学、释经学一起，可以丰富我们对古代典籍的认识。瑞士学者耿宁曾经将现象学方法应用于研究中国明代哲学家王阳明的心学；后边讲座中也有我们教育学院的博士生导师熊华军教授将现象学方法应用到教育学研究中。另外，李幼蒸先生也是将解释学、现象学这些西方哲学的研究方法应用到研究中国古代典籍的典范，大家可以好好研读一下他的著作。

- **提问者 4**：李幼蒸先生所说中国文化传统特色的新型伦理学能否建立起来？

- **姜宗强**：就我的有限理解而言，李幼蒸先生强调的中国传统伦理学的核心是由孔孟仁学和阳明心学构成。二者都是人文性的，并非宗教性的，更容易和现代世界接轨。另外，仁学和心学，李幼蒸先生都强调它们的"促动"用法以及知行合一的实践理性，并非思辨理性；他也强调伦理的"真"存在于历史中，而非逻辑真值。因此，这的确构成中国传统伦理学区别于西方伦理学的独特性，这也是李幼蒸先生重视"心"和"史"，重视阳明心学和司马迁史学的原因。我们本着"大胆假设，小心求证"的原则，希望李幼蒸先生的这一贯通中西的学术创新能够成功。

第二讲

《论语》及其内圣外王之道

1. 孔子生平及《论语》简介。

2. 如何理解孔子的内圣之道?

3. 如何理解孔子的外王之道?

4. 如何评价孔子?

👤 李永亮副教授（主讲人）

　　《论语》和孔子思想的心得体会。其实选这个题目我是诚惶诚恐的，因为我个人觉得孔子思想不容易把握。要想讲好孔子思想，我认为要有几个条件：第一个条件是了解孔子思想的源头和流变。首先要对五经以及孔子之前的其他上古文化比较精通，这些是孔子思想的源头。孔子集上古文化的大成，所以说要对孔子思想的源头进行了解。其次要了解孔子之后的儒学思想，包括《大学》《中庸》《孟子》《荀子》以及汉儒、宋明儒对孔子思想的阐释，这些可以说是孔子思想的流变。把孔子思想的源头和流变都把握清楚，才能比较好地去讲孔子思想。第二个条件是要有一定的人生阅历。大家对《论语》和孔子思想有所了解，可以看到关于孔子的很多内容，就明白其中蕴含的实践性。如果说我们在人际交往中，乃至在管理工作中有一定的经验，反思自己的各种人生阅历，就能更好地把握孔子思想。第三个条件我认为是最重要的一个条件，就是要有修身的体悟。所谓体察生命，乃至对修道有所得，才能对孔子上达天德、天人合一有所把握，而这一部分可能是比较难的。关于这三个条件，我觉得我本人都是比较欠缺的。比如第一个条件需要掌握众多的文献资料，一般情况下年轻人应该是掌握不够的。在这种情况下，之所以还要讲孔子和《论语》，是因为我觉得把自己的学习体会讲出来，让大家更多地关注、了解孔子的思想。

　　今天要讲的内容有四部分，第一部分对孔子的生平以及《论语》这本书做一个简单的介绍。第二和第三部分是今天要讲的主要内容，即孔子的内圣之道、外王之道。第四部分选取一些后人对孔子的评价，当然也主要是依据内圣外王做出的评价，看看后人如何对孔子的内圣外王进行回应，以及在修身、齐家、治国、平天下中的一些作用。

先来看一段话，德国哲学家卡尔·雅斯贝斯在《历史的起源与目标》中说："直至今日，人类一直靠轴心期所产生、思考和创造的一切而生存。每一次新的飞跃都回顾这一时期，并被它重燃火焰。自那以后，情况就是这样。轴心期潜力的苏醒和对轴心期潜力的回忆，或曰复兴，总是提供了精神动力。对这一开端的复归是中国、印度和西方不断发生的事情。"① 所谓的轴心期大概是公元前 800 年到公元前 200 年，尤其是公元前 600 年到公元前 300 年。在这一时期，中国、印度及西方这些思想家、哲学家，对人类做出了特殊的贡献，雅斯贝斯进行了概括。当然这种概括有人认为很有道理，有人加以质疑，我本人觉得还是比较有道理的。而《论语》就是这个时期产生在中国的一部经典，这也是我们今天要了解、要研究《论语》的原因。

---

① 〔德〕卡尔·雅斯贝斯：《历史的起源与目标》，魏楚雄、俞新天译，华夏出版社，1989，第 14 页。

一 孔子生平及《论语》简介

孔子（公元前 551~公元前 479 年），名丘，字仲尼，春秋末期鲁国陬邑（今山东曲阜市）人。关于孔子的生平，再从两段话来谈一谈。第一段话："吾十有五而志于学，三十而立，四十而不惑，五十而知天命，六十而耳顺，七十而从心所欲，不逾矩。"（《论语·为政》）这是孔子对自己的描述，对他一生为学以及修养的一种概括。从 15 岁一直讲到 70 岁，这是一个大概的分阶段的表述，而不是精确时间的表述。"吾十有五而志于学"，孔子一生在学什么？仅仅是学各种知识吗？据我个人的学习体会，我觉得他学的是所谓的大人之学，是圣贤之学，圣贤之学既要有仁德又要有智慧，当然也需要各种知识。从十五岁有这样的志向，志于学，他一生都是这样坚持的。俗语说有志者立长志，孔子之志就是长志。到 30 岁的时候，他经过 15 年的学习，已经有所立，能够在圣贤之道上立起来，不会轻易动摇。到 40 岁的时候，对于世间的各种事理已经比较明白，不会再有各种疑惑。到 50 岁的时候知天命，天命是世间万事万物的形而上根据。到 60 岁的时候，他对所听闻的当下就能明白，耳顺是指对所听到的都能通达明了。在最后一个阶段，70 岁之时，孔子到了自由之境，心中所想都合于道，不会越过一定的法则。这是关于他自己的一个表述。

第二段话："孔子'知其不可而为之'，是时代之木铎，周游列国，挽世道，正人心；创办教育，修订六经，确立中国文化基本精神。"这段话是我对孔子的一个简单概括。这段话有两方面的内容，一方面表达了孔子对于家国天下的关怀。"知其不可而为之"，这是描述孔子特别有名的一句话，是别人对他的一种评价。"不可"是指难以实现治平的状态，当时的社会已经乱了，很难再把它转为正道，很难重新回到太平。但是孔子知道这种情况还要积极努力，在自己的祖国——鲁国去实践，当鲁国行不通的时候，他又周游列国，依然想去落实王道理想。他自己很清楚，别人也看出来了，但是他还要去做。他被称为时代之木铎。木铎是古代比较大的铃铛，摇响铃铛来警醒众人、宣扬教化。有人把孔子比作时代的木铎，希望通过他来讲述修齐治平的道理，去引导世人。另一方面是关于孔子创办教育和修订六经，从而确定中国文化的基本精神。孔子几十年进行教育，晚年修订六经，并将其弘扬开来，对中国文化影响深远。这两段话，第一段话主要是讲内修，孔子自述的几个阶段就是内修内圣的过程；第二段话主要是外王的表现。

　　讲完孔子的生平，对《论语》做一个简单的介绍。我选了《汉书·艺文志》的一段话："《论语》者，孔子应答弟子、时人及弟子相与言而接闻于夫子之语也。当时弟子各有所记。夫子既卒，门人相与辑而论篹，故谓之《论语》。"① 论语的"论"是指论篹，"语"是指言语。《论语》最主要的内容是孔子应答弟子和时人的言语。"时人"是指孔子当时的人，如鲁国国君鲁定公、鲁哀公，齐国国君齐景公，卫国国君卫灵公，鲁国大夫季康子，还有其他国家的一些大夫，以及其他的人，孔子和这些

---

① （汉）班固：《汉书》，中华书局，2012，第329页。

人有过交流，交流过程中留下来的言语在《论语》中也有体现。此外，还有一部分内容，即"弟子相与言而接闻于夫子之语"，如孔子的弟子曾子、有子、子贡、子张、子夏、子游等人的言语，他们的言语既有听闻于孔子的，也有他们自己生命的体验与生活的感悟。这些内容就是《论语》的主要构成。《论语》主要记载了孔子的言语，其次也记载了他的行为。因此，准确地说，《论语》记载了孔子的言行，以及弟子、时人的言语。还需要讲的是"辑而论纂"。为什么今天有不少人对《论语》进行批评？就在于《论语》这本书不是孔子本人写的，而是孔子去世之后，孔子的弟子以及再传弟子把孔子的言行内容收集起来，按照一定的顺序、次第编辑起来的。孔子的思想一以贯之，但平时孔子与弟子、时人言谈是应机的，并不像写专著时那样有体系。门人编纂的时候是根据一定的分类，而这种分类并非特别严格，或者说特别符合逻辑顺序。孔子的弟子、门人经过孔子思想的熏陶，他们对孔子的思想体系是有一定把握的，未必完全符合孔子的思想，但起码还是有一定的次第的。这是大概的一种分类，而不了解孔子的思想体系时就会认为《论语》是混乱的，进而批评《论语》。

再来看看《论语》的版本。《论语》有三个版本：《鲁论语》20篇、《齐论语》22篇、《古论语》21篇。孔子是山东人，春秋时期山东分为几个国家，主要是鲁国和齐国两个国家，因此孔子的弟子有鲁国人、有齐国人，这些不同国家的人记载孔子的言语所留下的版本有《鲁论语》和《齐论语》两种。《古论语》是汉朝时在孔子家墙壁当中发现的。一共有三个流传版本，其主要的内容是一样的，但有些差别。后人以《鲁论语》为底本，参考另外两个版本，进行编辑，确定下来，由三国时期何晏等人完成。我们今天看到的版本即是此定本。

下面讲关于《论语》的历代注解。这里列出五种：《论语注疏》（何晏集解，邢昺疏）、朱熹《论语集注》、刘宝楠《论语正义》、刘沅《论语恒解》、康熙钦定《日讲：〈论语〉解义》。前三种是目前学术界比较通行的、公认的，后两种是目前学术界较少提到的。何晏等人编定《论语》并进行讲解，后来梁朝皇侃作了义疏，皇侃的义疏偏向于道家的思想。到北宋时邢昺进行了删订，比较符合儒家的思想，展现了儒家思想的原貌。《论语注疏》是比较早的一个版本，也是流传比较广的版本。南宋时朱熹作《论语集注》，这个版本是公认对《论语》把握较好的，明清以来至今流传最为广泛。刘宝楠根据清代训诂考据的路径，对《论语》进行讲解，形成《论语正义》，这也是一个代表作。我个人觉得首先要看朱熹的《论语集注》，这个注本比较准确，比较简洁。《论语集注》字数才 10 万字，《论语注疏》有30 多万字，是朱熹注本的三倍多，而刘宝楠的《论语正义》字数更多，将近 50 万字。《论语》文本不加标点，近一万六千字，现在不少人连《论语》文本都可能很难完整读一遍，更何况这种 50 万字的《论语正义》。清代从训诂考据的角度注解《论语》，这对保存资料比较好，但从学习《论语》本身来说，我觉得有点偏离。人们的精力耗在文本的训诂考据，根本没有时间关注修齐治平，钻在这种书里就很难再出来。后来又有程树德的《论语集释》，字数更多，约有 130 万字。

第四种《论语》注解是刘沅的《论语恒解》。刘沅是清朝时的四川学者，和刘宝楠大概同时，年龄比刘宝楠稍大一点。刘沅对学问有很不错的研究，有人曾经把他称为川西学问做得非常好的人，而且他的特点在于儒释道会通。刘沅继承了朱熹注《论语》的观点，同时又有更进一步的阐发，提出了一些不同观点，对朱熹的注解有所完善。朱熹过于强调儒家的观点，对于其他各家的观点不太重视，而刘沅能讲儒释道各家的学问。第五种是康熙钦定的《日讲：〈论语〉解义》。这本书和刘沅的书一样流传不太广。这本书的特点在于注重治国平天下。什么是日讲？这是中国古代官方的一项制度，从翰林学士、官员中选出学问特别好的人，给皇帝讲课，日讲即每逢单日讲课。康熙是一个比较好学的皇帝，从 18 岁就开始日讲，进行了 15 年，将近 900 次，一年平均 60 次左右。《日讲：〈论语〉解义》注重于外王，这本书以朱熹《论语集注》为基调，在朱熹注解的基础之上有所阐发。相比于刘宝楠等人从考据的角度注解《论语》，刘沅《论语恒解》和康熙钦定《日讲：〈论语〉解义》更加切于身心性命、修齐治平，因此更应该重视，进行研究，加以弘扬。

下面谈一谈《论语》的特点。我引用马一浮《泰和宜山会语》的一段话："一、此学不是零碎断片的知识，是有体系的，不可当成杂货；二、此学不是陈旧呆板的物事，是活鲅鲅的，不可目为骨董；三、此学不是勉强安排出来的道理，是自然流出的，不可同于机械；四、此学不是凭借外缘的产物，是自心本具的，不可视为分外。由明于第一点，应知道本一贯，故当见其全体，不可守于一曲；由明于第二点，应知妙用无方，故当温故知新，不可食古不化；由明于第三点，应知法象本然，故当如量而说，不可私意造作，穿凿附会；由明于第四点，应知性德具足，故当向内体究，不可徇物忘己，向外驰求。"① 这段话是马先生在浙江大学讲学时所说，他认为以六经为核心的国学具有这些特点，当然这些特点也适用于《论语》。第一个特点是有体系。孔子自己也提到，而且是两次提到，"吾道一以贯之"，他对曾参讲过，对子贡也讲过。"一以贯之"代表孔子的思想是有体系的。孔子平时言说是很准确、有条理的，他不会随便讲，只不过后人把他的言语编辑起来时，这种体系性就不是那样明显了。但从孔子自己的思想本身来说，是有体系的。第二个特点是"活鱍鱍"。"活鱍鱍"意味着特别鲜活。关于修齐治平，孔子都有自己的体验，应机、鲜活地给人讲。第三个特点是自然流出。大家在读《论语》时容易发现，当提问"什么是仁？什么是孝？如何为政"，孔子都能马上回答出来，是自然而然的回应，不是提前准备好现成、固定的答案，而且对不同的人会有不同的讲解。每个人的层次不一样，背景不一样，理解领受的程度不一样，所以孔子有不同的讲解。孔子并不是对一个名词概念下严谨的定义，他是针对不同的情况做不同的回答。第四个特点是自心本具。孔子有内圣修道的体验，明白心性，因此说他的言语是自心本具的。根据这四个特点，马先生提出要注意四个方面：道本一贯、妙用无方、法象本然、性德具足。再来引宋儒谢良佐的话，用来说明《论语》的特点。谢良佐是程颐的弟子。程颐门下有四大弟子：谢良佐、游酢、杨时和吕大临，谢良佐是其中比较著名的一位。谢良佐说："圣人之道，无微显，无内外，由洒扫应对而上达天道，本末一以

---

① 马一浮：《马一浮全集》（第一册），浙江古籍出版社，2013，第3~4页。

贯之。一部《论语》只如此看。"认为孔子的思想无微显，无内外，由日常生活而上达天道，是一以贯之的，他从这个方面去把握《论语》。其中提到"无内外"，什么叫无内外？比如说内圣外王，从一般理解的角度、从实践的角度可以分为内圣和外王两个层面，实际上内圣外王是一体的，只有真正达到内圣，才可能有外王。

二 孔子的内圣之道

在讲内圣之道之前，先讲一讲内圣外王。刚才张美宏老师已经提到了内圣外王在《庄子》中的出处："是故内圣外王之道，暗而不明，郁而不发。"内圣外王可以用来概括儒家的学问，也可以用来概括道家的学问。我觉得道家在内圣方面做得比较充分，在外王方面不如儒家体现得多。儒家对内圣外王有所兼顾，但是有时候也有偏重，在有些方面也未必做得好。所以说内圣外王不是专属于儒家，也不是专属于道家，是中国古人对人生与学问的一种概括。牟宗三在《心体与性体》中对内圣外王做了一个详细的讲解："'内圣'者，内而在于个人自己，则自觉地作圣贤功夫（作道德实践）以发展完成其德性人格之谓也"[1]；"'外王'者，外而达于天下，则行王者之道也"[2]。其中"作道德实践"的表述未必准确。若说内圣是"作道德实践"，大家可能会认为内圣仅仅是道德问题，仅仅是伦理问题，实际上圣贤功夫既包括提升道德，又包括提升智慧。道德、智慧兼

---

[1] 牟宗三：《心体与性体》（上册），上海古籍出版社，1999，第4页。
[2] 牟宗三：《心体与性体》（上册），上海古籍出版社，1999，第4页。

备才可以成为圣贤，这不仅仅是道德实践，也不仅仅是德性人格。德性人格与道德实践是主要的、首位的，儒家肯定这一点，这是儒家的特点。但德性人格与道德实践不是圣贤的全部内容。外王是外而达于天下，行王者之道。中国古代把治理国家分为几种情况：理想的、最高的是王者之道，也称王道；其次是霸道；最后是夷狄之道。孟子对王道、霸道做了简洁准确的讲解：以德行仁称为王道，以力假仁称为霸道。用武力假借仁义的名义来治国，这是霸道。真正的王道完全是仁义之道，王者内心深信仁义之道，将其用于实践层面，不是仅仅把仁义当作一个幌子或者一个名义。最后一个是夷狄之道，王者不管百姓的死活，特别野蛮，也是对百姓特别有害的做法。儒家的理想是追求王道，虽然说现实中很难实现，但这是儒家的理想。梁启超也曾讲解过内圣外王，他说："'内圣外王之道'一语包举中国学术之全体，其旨归在于内足以资修养而外足以经世。"这是泛化的理解，是广义的讲解。经世就是经世致用，包括治国平天下等方面。但是梁启超说，内圣外王之道包举中国学术之全体，我觉得可能有点过。若说内圣外王之道包含了中国学术的主要部分，我觉得是合适的，而未必是全体。因为中国学术中还有一些内容与内圣外王不一样、不一致。我今天要讲的内容是结合牟宗三和梁启超这两种理解来谈内圣外王之道，既会谈理想的王者之道，也会谈儒学在治国中的应用。

在《论语》文本中，有类似于内圣外王思想的记载，这里列出两处：一是《论语·宪问》"修己以敬""修己以安人""修己以安百姓"；二是《论语·雍也》"己欲立而立人，己欲达而达人"。第一处是孔子对子路问君子的回答，第二处是孔子对子贡问仁的回答。第一处从表面看好像跟内圣外王没关系，但实际上从以敬自修，到安人，再到安百姓，这即是内圣外王的过程。以敬自修是内圣，修己以安人、修己以安百姓是外王，因为王道就是以仁义之道治天下、安百姓。第二处："己欲立而立人，己欲达而达人"，相对来说不像第一处那样表述内圣外王，但也包含了内圣外王之义，先求自立、自达，再由自己向外扩充，立人、达人，泽及越来越多的人。因此可以说，这两段话是《论语》集中表达内圣外王之义的两处。

除《论语》外，其他儒家典籍也在表述内圣外王。比如《大学》的"三纲领""八条目"，"三纲领"是指明明德、亲民、止于至善，其中明明德表述了内修内圣之义，亲民和止于至善表述了外王之义。"八条目"更详细，从格物、致知、诚意、正心、修身到齐家、治国、平天下，前五条目表述了内修内圣之义，后三条目表述了外王之义。《中庸》说"君子笃恭而天下平"，又说"致中和，天地位焉，万物育焉"，这些也是内圣外王义。《孟子》也在论述内圣外王，关于内圣，包括养浩然之气、尽心知性知天等内容；关于外王，即大家熟知的仁政、王道等内容。实际上《论语》文本中分别论内圣、外王的内容也比较多，只不过我选了"修己以敬"、"修己以安人"、"修己以安百姓"和"己欲立而立人，己欲达而达人"这两段比较集中的内容来讲解。

再来看两段话：

子曰："君子道者三，我无能焉：仁者不忧，知者不惑，勇者不惧。"子贡曰："夫子自道也。"（《论语·宪问》）

子曰："好学近乎知，力行近乎仁，知耻近乎勇。知斯三者，则知所以修身；知所以修身，则知所以治人；知所以治人，则知所以治天下国家矣。"（《中庸》）

前面我讲到内圣需德智兼备，而《论语》"君子道者三"是三分法，认为内圣应该具备仁、智、勇。德和智是对内圣所需素养的二分法，仁和智也是内圣的二分法。儒学典籍对内圣所需素养有几种分类：一分法、二分法、三分法、四分法、五分法等。一分法是指以一个"仁"来代表，仁为全德，仁为心之全体，包含了道德和智慧。二分法是用两个字来代表：仁、智，或者是仁、义。三分法是用三个字来代表：仁、智、勇。四分法是用四个字来代表：仁、义、礼、智。五分法是用五个字来代表：仁、义、礼、智、信。这些分类法都是对内圣所需素养的表达。《论语》记载了孔子所说的仁、智、勇三分法，不过他很谦虚，说自己还没有做到，而子贡认为老师已经做到。《中庸》也记载了智、仁、勇，怎样达到？需要好学、力行、知耻。《中庸》接着说知道此三者，则知道修身、治人、治天下国家，这也是内圣外王的表达：修身是内圣的过程，而治人、治天下国家是外王之事。我后面讲内圣会对这两段话进行详细阐释，以仁、智二分法来谈孔子的内圣之道。

（一）孔子之"仁"

孔子之"仁"在《论语》中有诸多表现，《孟子》也有记载："昔者子贡问于孔子曰：'夫子圣矣乎？'孔子曰：'圣则吾不能，我学不厌而教不倦也。'子贡曰：'学不厌，智也；教不倦，仁也。仁且智，夫子既圣矣。'"（《孟子·公孙丑上》）这段话是孔子人格的一个体现。有一次子贡问老师："夫子圣矣乎？"孔子说自己还没有做到，他自己仅仅是学不厌、教不倦。教不倦是有仁慈心的一种表现，因为孔子并不是专门创办教育去赚钱，他是为了真正教育弟子，他是有利他之心的，而且毫无厌倦。孔子号称有三千弟子，有教无类，只要愿意跟他学，他都会教，不会去拒绝别人。学而不厌是获得智慧的一种表现。子贡认为孔子做到了仁和智，可以称为圣人。

孔子之"仁"既可从诲人不倦的教化表现来谈，也可从其他方面来说。《论语·卫灵公》记载如下。"子贡问曰：'有一言而可以终身行之者乎？'"子曰："其恕乎！己所不欲，勿施于人。'"大家对"己所不欲，勿施于人"比较熟悉，这是公认的道德黄金律，孔子这样对弟子讲，他自己也是这样实践的。汉儒刘向《说苑》记载了一则故事："孔子将行，无盖。弟子曰：'子夏有盖，可以行。'孔子曰：'商之为人也，甚短于财。吾闻与人交者，推其长者，违其短者，故能长久矣。'"① 有一次孔子出行，却没有伞盖，弟子说子夏有，可以向他借。而孔子则说子夏比较穷，越穷的人可能越爱惜自己的物品和财物，如果向他借，他也许会借，但可能内心并不情愿，这样就没有做到己所不欲，勿施于人。"推其长者，违其短者"是指尽量推崇别人的长处，避开别人的弱点。这就是孔子对恕道的践行。

孔子之"仁"又可从关怀天下的角度去谈，即"知其不可

---

① （汉）刘向撰《说苑疏证》，赵善诒疏证，华东师范大学出版社，1985，第508页。

而为之"。《论语·宪问》记载:"子路宿于石门。晨门曰:'奚自?'子路曰:'自孔氏。'曰:'是知其不可而为之者与?'"有一次子路回鲁国都城已经天晚,城门已经关闭,他在石门住宿一夜。第二天清晨城门打开时他进去,掌管开门的人问他从哪里来?他回答说他是孔子的弟子。这个人马上说出他对孔子的评价:"知其不可而为之。"他认为孔子对天下有关怀,希望能把天下改变过来,使天下无道的状态归于有道。这个人很有智慧,他能认识到孔子的特点和心理,他能把握住孔子的言行,这属于道家隐居者智慧的表现。

《论语·微子》记载:"长沮、桀溺耦而耕,孔子过之,使子路问津焉。……桀溺曰:'滔滔者天下皆是也,而谁以易之?且而与其从辟人之士也,岂若从辟世之士哉?'子路行以告。夫子怃然曰:'鸟兽不可与同群,吾非斯人之徒与而谁与?天下有道,丘不与易也。'"这个记载大家比较熟悉。长沮和桀溺对孔子的评价,可以反映出孔子关怀天下的仁德。桀溺说:"滔滔者天下皆是也,而谁以易之?"滔滔是指河水奔流不息的样子。桀溺的意思是说现在天下无道,已经乱了,很难再扭转过来,这种情况怎么可能去改变,谁有办法去改变呢?桀溺告诉子路,与其跟随孔子这样的辟人之士,不如跟随辟世之士。为什么把孔子称为辟人之士?因为孔子在自己的祖国——鲁国不能实现理想,就周游列国,他想选一个比较贤良的统治者去辅佐,实现太平的理想,但依然未能实现,这叫辟人之士。长沮和桀溺是辟世之士,当天下无道时就逃避,不再为改变世界而努力,自己过生活就行。而孔子是到其他国家做事,遇到没有理想抱负的统治者,就选择离开,再去周游,所以长沮和桀溺称孔子为辟人之士。孔子与他们这些隐士不同，他们可以避开无道的世界，不再为治平而费心。子路告诉孔子遇到长沮、桀溺的情况，因此孔子怃然，并且说了很著名的话："鸟兽不可与同群，吾非斯人之徒与而谁与？天下有道，丘不与易也。"孔子认为自己还是要和百姓在一起，他希望把天下转变过来。如果说天下已经有道了，他就不需要做什么了，不需要改变。正因为天下无道，他才去做事情，积极努力去转变社会、转变时代。这是孔子对于天下的关怀，对于百姓、对于国家社会的仁心。这是博大的仁爱。

问仁是《论语》的一大主题。《论语》中回答仁、回答孝、回答为政，是最主要的三大类问题，讨论仁是其中一大类。颜渊问仁，孔子回答说克己复礼为仁，又告诉颜渊从非礼勿视、非礼勿听、非礼勿言、非礼勿动四个条目入手。仲弓问仁，孔子回答说："出门如见大宾，使民如承大祭。己所不欲，勿施于人。"（《论语·颜渊》）樊迟问仁，孔子答以"爱人"（《论语·颜渊》）。子贡欲以博施济众为仁，孔子则告之"尧舜其犹病诸"，又曰："己欲立而立人，己欲达而达人，能近取譬，可谓仁之方也已。"（《论语·雍也》）这是孔子对于问仁的四个回应。孔子之后仁成为儒学的重要话题，后代儒学家们解释仁，形成多种观点，这里选了四个有代表性的观点，东汉郑玄曰"相人偶为仁"；唐代韩愈曰"博爱之谓仁"；宋代朱熹曰"仁者，心之德、爱之理"；明代王阳明曰"仁者以万物为体，不能一体，只是己私未忘"。孔子回答问仁和后儒解释仁，异同有哪些？我觉得一致的地方在于后儒秉承了孔子的仁爱思想，把仁普遍化、抽象化，对仁做了一个相对来说比较周严的界定。而孔子回答问仁是活鲅鲅的，针对不同的人有不同的解答。更大的一个特点在于孔子的回答注重践行，注重实践，让弟子们当下去做。比如孔子对颜渊的回答，所谓传授孔门心法，是最高明的，也是最深的。克己复礼是指战胜、克服自己的私欲，从而恢复到天理，天理在人间的表现是礼乐，因此也要合于礼乐。这是修身、修道的过程，而不是仅仅符合某一个礼节，也不是说孔子要恢复周朝礼仪。克己复礼的具体路径就是非礼勿视、勿听、勿言、勿动四个方面。我们知道颜渊的资质在孔门是公认顶尖级的，因此孔子回答颜渊问仁是对他讲最高的内容。仲弓的天资也很好，孔子告诉他："出门如见大宾，使民如承大祭。己所不欲，勿施于人。"出门就像去见一个特别尊贵的客人，这是恭敬的表现。使用民力就像祭祀一样。古代特别看重祭祀，认为祭祀是最隆重、最庄严的事情，因此"使民如承大祭"也是恭敬的体现。"己所不欲，勿施于人"是恕道的体现。孔子告诉仲弓应践行恭敬、恕道，即是在践行仁。樊迟问仁，孔子答以爱人，这种解答是目前学术界谈得特别多的。但我认为"爱人"仅仅是仁的一个具体表现，"爱人"是仁的一个应用，而孔子回答颜渊克己复礼为仁才是对仁最核心的界定。孔子对于子贡问仁的回答，也是让子贡回到自身，向内求，重实践。再来看后代儒学家的解释，郑玄说"相人偶为仁"，是指人与人之间相互亲近、相互爱惜，这是仁的表现。韩愈和朱熹都强调爱是仁的表现。王阳明对仁的界定是儒家一种最高境界的理解，所谓"万物一体，天人合一"。孔子和后儒释仁，既有一脉相承的地方，也有不一样的地方。孔子的解答更注重当下，更注重马上应践行之事，强调了实践性；而后儒是从道理上去讲解，实践性没有孔子那样明显。

（二）孔子之"智"

孔子学而不厌。《论语·述而》说："默而识之，学而不厌，诲人不倦，何有于我哉？"《论语·学而》说："学而时习之，不亦说乎？"孔子自己做到了学而不厌，他从青年到老年，一直是这样学习的，没有厌倦，这一点比较难得。"学而时习之"是《论语》的开篇，这也是知行合一的表现，学习之后去践行。"习"意味着去实践，而不是指温习和复习已经学过的知识。按照《论语》，孔子之意是强调知行合一，把学过的内容化于行动，进行实践，这样内心的快乐才会展现出来。当把所学的在自身、在与别人交往中、在社会中实践出来的时候、产生效果的时候，内心的快乐才能产生。

《论语·述而》记载："叶公问孔子于子路，子路不对。子曰：'女奚不曰，其为人也，发愤忘食，乐以忘忧，不知老之将至云尔。'"这是孔子好学、学而不厌的真实表达。《论语·述而》记载："子在齐闻韶，三月不知肉味。曰：'不图为乐之至于斯也！'这是孔子学习音乐的一个表现，也是特别有名的典故。孔子在齐国学习韶乐，韶乐是大舜的音乐，是尽善尽美的音乐，孔子直接进入韶乐的境界，对于其他的事情已经忘怀，别的事情都影响不了他，这是学习专一的表现。马一浮在《复性书院讲录》中描述了孔子学习《易经》的表现："孔子读《易》，韦编三绝，漆书三灭，铁挝三折，其精勤专久如此。"[①]《论语·述而》记载孔子之言："假我数年，五十以学《易》。"马一浮根据史料深入分析孔子学《易》的过程，韦编三绝，漆

① 马一浮：《马一浮全集》（第一册），浙江古籍出版社，2013，第105页。

书三灭，铁挝三折，这些都是精、勤、专、久的一种表达。孔子学习的内容特别广泛，除了学音乐、学《易经》之外，上古的文化以及当时技术性的内容他都在学。比如说他精通礼、乐、射、御、书、数六艺，这代表当时的自然科学知识、社会科学知识。据说孔子的射箭水平是顶尖级的，他会驾车，他掌握当时的必备技能。孔子通达礼乐，他从小就特别喜欢礼，熟知礼，而且经常演习。他还学习音乐，比如学古琴而且水平极高。孔子好学，学而不厌，这是达到智慧的要求。

孔子学无常师。孔子曾跟随多位老师学习，以增加智慧。《论语·子张》记载："卫公孙朝问于子贡曰：'仲尼焉学？'子贡曰：'文武之道，未坠于地，在人。贤者识其大者，不贤者识其小者，莫不有文武之道焉。夫子焉不学？而亦何常师之有？'"子贡的回答把孔子的学习过程展现出来，孔子学习当时的各种知识、各种道理，包括学习周文王、周武王的治国之道。孔子没有固定的老师，甚至为求学不远千里。最典型的例子就是孔子青年时期去向老子学习，不辞辛苦，从鲁国曲阜出发到周朝首都洛阳求学。《论语·述而》记载："三人行，必有我师焉。择其善者而从之，其不善者而改之。"孔子善于学习，向各种人学习，对于善的去学习遵循，对于不善的就反省自己、修正自己。《论语·八佾》记载："子入太庙，每事问。或曰：'孰谓鄹人之子知礼乎？入太庙，每事问。'子闻之曰：'是礼也。'"这是孔子学无常师的具体例子。孔子曾去鲁国太庙参加祭祀活动，他对于很多具体的礼节都去询问了解。有人就讥笑孔子："孰谓鄹人之子知礼乎？"鄹人是指孔子的父亲叔梁纥，曾在鄹邑担任长官。叔梁纥是鲁国的将领，是当时鲁国三大名将之一，在孔子三岁时去世，从此孔家没落。而孔子认为太庙掌管礼仪的人是专业人士，他去询问，这就是一种礼。《论语·子罕》记载："子绝四：毋意，毋必，毋固，毋我。"这是孔子学无常师的原因。孔子没有私意；不会认为事情必然如此、一定是这样；不会固执己见，而是从善如流；没有我执，没有己私。正是因为孔子在这四个方面做得好，他才能够学无常师。韩愈《师说》记载："圣人无常师。孔子师郯子、苌弘、师襄、老聃。郯子之徒，其贤不及孔子。孔子曰：'三人行，则必有我师。'"列出了孔子曾经跟随过的老师，这是比较著名的几个。郯子是春秋时期一个小国郯国的国君，精通官职制度，苌弘和师襄对音乐有专长。孔子曾学琴于师襄，问礼于老聃。这是学无常师的一些具体表现。孔子学而不厌，学无常师，此为求学获得智慧的过程。

孔子学有所成。通过好学、学而不厌、学无常师，孔子达到了学有所成的智慧效果。可以从四个方面来说。

（1）博学多能。《论语·子罕》记载："达巷党人曰：'大哉孔子！博学而无所成名。'"这是别人对孔子的评价，博学而无所成名。孔子视野确实特别广博，当时的一切知识、技术、管理，他都要学习。达巷党人觉得有点遗憾，认为孔子无所成名，没有在某一项上特别出名，没有成为一个专家。实际上他没有了解到，孔子所学都非常精通。当今时代更强调以专业而成为专家，以某一项来出名，但孔子是通才，各方面都在学。《论语·子罕》又记载："太宰问于子贡曰：'夫子圣者与？何其多能也？'子贡曰：'固天纵之将圣，又多能也。'子闻之，曰：'太宰知我乎？吾少也贱，故多能鄙事。君子多乎哉？不多也。'"太宰也看到了孔子特别多能的一面。孔子对太宰和子贡的对话做出回应，他说自己小时候家庭条件不太好，父亲早死，母亲在他十七岁时也去世，少年时生活不太容易，因此做各种事情以谋生，而且做得都比较好，确实掌握了各种能力，比较多能。这是孔子谦虚的一种表现。孔子还说："君子多乎哉？不多也"，他认为这些都不是根本的，学问知识的广博，技能的过人，并不足以引导别人，更主要的是内圣，要看重内圣的修养。再举三个体现孔子博学的例子：辨识坟羊、骨节专车、楛矢。坟羊是当时的一种动物。鲁国季桓子挖井时，从中挖出一瓦器，里面有一个动物。季桓子听说孔子博学多能，想考一考孔子，他就专门派人问孔子，说挖井时挖到一个像狗的动物。孔子回答说，应该不是狗，而是坟羊，因为土里的怪物应该是坟羊。孔子又辨识骨节专车。吴国攻打越国时，发现一个特别大的骨节，一辆车才能装得下。这就是所谓巨人族的骨节，在今浙江的东南部一带。上古时期有这样的巨人，今天已经没有了。对于如此大的骨节，吴国人搞不清楚，专门派使者到鲁国去请教孔子。孔子告诉使者，详细讲出来历，说是大禹时期防风氏的骨节。听完孔子的讲解，使者非常赞赏孔子的博学。孔子又辨识楛矢。陈国的王庭落下一只中箭的隼，大家不清楚怎么回事。于是派使者询问孔子，孔子说射中隼的箭来自东北的一个叫肃慎的少数民族。有人用楛矢射中一只隼，这只隼当时没有死，飞到陈国王庭时才落下来。这三个具体的例子都说明孔子博学多才，对于当时以及他之前的各种知识都掌握得非常好。

（2）孔子的人生智慧。《论语》关于孔子人生智慧的内容非常多，下面从《论语·里仁》选出三段进行讲解。《论语·里仁》说："见贤思齐焉，见不贤而内自省也。"一个人要想获得智慧，就需要见贤思齐，向道德、学问突出之人学习，努力达到。当看到不好的，要反省自己，而不是往外求。《论语·里仁》又说："不患莫己知，求为可知也。"不要担心别人不知道自己，要想想自己有哪些可以让人家知道的内容，要去修养自己，提升自己。这也是往自己身上去求，反求诸己。《论语·里仁》又说："君子欲讷于言而敏于行。"意思是要慎于言，谨慎地说，言多必失，而要以实践、践行为主，要敏于行。这三段话是孔子人生智慧的体现。

（3）孔子的政治智慧。《论语》关于孔子政治智慧的内容也很多，下面举例进行讲解。《论语·颜渊》记载："子张问政。子曰：'居之无倦，行之以忠。'"对于各种政治管理方面的事情没有厌倦心，不能懈怠，又要行之以忠，忠于本职，忠于岗位，把事情做好。《论语·子路》记载："子路问政。子曰：'先之，劳之。'请益。曰：'无倦。'"为政要先之，领导率先垂范，以身作则，才能更好地带领下属去做，而且不怕辛劳，又要不厌倦，这些是政治方面很重要的原则。《论语·学而》记载："道千乘之国，敬事而信，节用而爱人，使民以时。"从五个方面来谈为政：敬、信、节用、爱人、使民以时。敬和信是普遍的法则。历史上有些帝王太奢侈、太浪费，过度修建宫殿等建筑，根本做不到节用，也做不到爱人。使民以时在古代农业社会很重要，比如说让百姓去修城墙，不能在农忙的时候，不能占用百姓的日常生产时间，应在农闲时进行。《论语·颜渊》记载："子贡问政。子曰：'足食，足兵，民信之矣。'"为政首先要重视温饱问题。温饱解决之后，要进行教化，而且还要有军事力量。孔子文武兼备，他会驾战车、射弓箭，又有实际参与治国的经历，他认为要足兵，该用军队的时候还要用。孔子回答子贡问政，强调足食、足兵、信用三个方面。《论语·子路》记载："子适卫，冉有仆。子曰：'庶矣哉！'冉有曰：'既庶矣，又何加焉？'曰：'富之。'曰：'既富矣，又何加焉？'曰：'教之。'""庶"是指人口众多。治国首先要人口众多，其次要解决老百姓的温饱问题，让老百姓富起来，再次要重视教育、教化。从庶到富再到教，这是正常的治国道路和顺序。管仲曾说："仓廪实而知礼节，衣食足而知荣辱。"孔子继承这种思想，他也是这样来谈治国。《论语》中的这五处记载既有抽象的、普遍的为政原则，也有一些具体的治国路径。

（4）孔子的天人合一境界。孔子志于道，通过道德修养和智慧提升而达到天人合一的境界。《论语·为政》记载："五十而知天命。"孔子是一个比较诚实的人，他明白了天命，对天命有体认，才会说"五十而知天命"，这成为孔子达到天人合一境界的一个证据。《周易·乾·文言》说："夫大人者，与天地合其德，与日月合其明，与四时合其序，与鬼神合其吉凶。先天而天弗违，后天而奉天时。"这是对圣人达到天人合一境界的详细讲解。《中庸》说："诚者，天之道也"，"诚者，不勉而中，不思而得，从容中道，圣人也。"天道是诚，是真实无妄，而圣人做到了诚，圣人真实无妄。"不勉而中，不思而得，从容中道"可看作圣人天人合一境界的表达。《论语·颜渊》说："克己复礼为仁。一日克己复礼，天下归仁焉。"《中庸》说："致中和，天地位焉，万物育焉。"这两句意指通过内圣达到外在和谐有序的状态，也为理解天人合一提供了参考。程颢说："仁者，浑然与物同体。"① 陆象山说："宇宙便是吾心，吾心即是宇宙"，

---

① （宋）程颢、程颐：《二程集》，中华书局，2004，第16页。

"宇宙内事，是己分内事。己分内事，是宇宙内事"。① 王阳明说："大人者，以天地万物为一体者也，其视天下犹一家，中国犹一人焉。"② 这些都对理解天人合一、万物一体提供了参考。

三 孔子的外王之道

（一）孔子外王之道的标准

《论语》记载了外王之道比较高的标准，孔子用简洁的语言表述出来。《论语·公冶长》记载："子路曰：'愿闻子之志。'子曰：'老者安之，朋友信之，少者怀之。'"有一天孔子和子路、颜回在探讨人生理想，当两个弟子说完自己的理想，子路问老师的理想是什么？孔子说："老者安之，朋友信之，少者怀之。"这 12 个字也可以简化为四个字，即老安少怀，这也可以说是《礼记·礼运》大同社会的一个简洁版：各安其位、各得其所。这是王道政治的一种体现，当王道政治实现之后，天下国家、百姓各得其所的一种局面。《论语·宪问》说："修己以安百姓。"《论语·为政》说："为政以德，譬如北辰，居其所而众星共之。""修己以安百姓"，这是对外王之道更简洁的表达。王道政治主要依靠道德，也必须要有制度。孔子说以德从事政治管理，相当于北极星居其所而众星围绕。《论语》这三个记载是以比较抽象的方式描述了外王之道的标准，要为政以德，安百姓，实现老安少怀，才可以称为王道。

王道政治有现实的例证。《中庸》说："仲尼祖述尧舜，宪

---

① （宋）陆九渊：《陆九渊集》，中华书局，2010，第 273 页。
② （明）王守仁：《王阳明全集》，上海古籍出版社，2011，第 1066 页。

章文武。"孔子以尧、舜、周文王、周武王为标准来谈王道，应效仿他们。《论语·泰伯》："大哉，尧之为君也！巍巍乎！唯天为大，唯尧则之。荡荡乎！民无能名焉。"孔子说，尧作为君王，效法上天，像天一样广大，把国家治理好，百姓安居乐业，因此百姓难以用语言来描述尧。《论语·卫灵公》说："无为而治者，其舜也与？夫何为哉？恭己正南面而已矣。"无为而治并不是什么都不做。大舜有道德的感召力，能够带动下属去做事情，而且大舜有禹、稷、契、皋陶、伯益等德才兼备的人去辅佐。因此大舜好像没有什么事情可做，无所为而为，"恭己正南面而已矣"。《尚书·尧典》说尧"光被四表，格于上下"，其光辉天下人无不清楚，达于天地之间。《诗经·大雅·文王之什》说文王"自西自东，自南自北，无思不服"，百姓对文王都比较认可。这是依据古代典籍来谈王道政治具体的表现。

（二）孔子外王之道的因革损益

外王之道并非一成不变。国泰民安、安居乐业是外王之道必需的内容，但是每个时代如何实现？要在外王之道的因革损益中去实现。因是继承，革是改变，损是减少，益是增加。在治国的具体过程中，必须是有继承、有改变的。孔子不是一个迂腐的人，他会随时而变，与时偕行。《孟子·万章下》说："孔子，圣之时者也。"孔子紧随时代，时代改变了他就变，而不是食古不化。《周易·损·象》说："损益盈虚，与时偕行。"对于前代需要继承的就继承，需要损益改变的就损益改变。《论语·为政》记载："子张问：'十世可知也？'子曰：'殷因于夏礼，所损益，可知也；周因于殷礼，所损益，可知也；其或继周者，虽百世可知也。'"商代继承了夏礼，但有所损减，有所增益，而不是完全照搬。周代以及周代之后的王朝也应遵循同样的道理，对于前代有继承、有改变，既不是完全的照搬，也不是完全的否定、完全的放弃。古代的治国经验有其合理的地方，若完全否定，是一种极端；若完全照搬，是另外一个极端。孔子主张要因革损益。《论语·卫灵公》记载："颜渊问为邦。子曰：'行夏之时，乘殷之辂，服周之冕，乐则韶舞。放郑声，远佞人。郑声淫，佞人殆。'"颜渊内修做得非常好，所以孔子专门告诉他外王之道。孔子对其他的弟子很少谈外王之道，因为其他的弟子内圣功夫还不够。孔子举例来说外王之道：夏朝的时令安排得比较好，适合人们的生产、生活；商朝的车子比较坚固耐用；周朝的帽子做得比较符合当时人的需求；在音乐方面，大舜的韶乐尽善尽美。孔子举了四个好的方面，意味着前代优秀的要继承，不足的应放弃。"放郑声，远佞人"，郑声、佞人容易误导人，乃至误国，应该远离。这就是外王之道因革损益的表现。

（三）孔子的政治成效

孔子在鲁国有过从政的经历，取得了突出的成效。《孟子·万章下》记载："孔子尝为委吏矣，曰：'会计当而已矣。'尝为乘田矣，曰：'牛羊茁壮长而已矣。'"孔子青年时期生活比较困难，为了谋生而做过小官吏。"委吏"是掌管仓库的小官，孔子当委吏时把账目做得很清楚，很准确。"乘田"是指掌管畜牧的小官，孔子当"乘田"时让牛羊茁壮成长。由此可知，孔子不管面对什么工作，都是尽职尽责，成效卓著。《史记·孔子世家》记载："定公以孔子为中都宰，一年，四方皆则之。
由中都宰为司空，由司空为大司寇。"① "定公十四年，孔子年
五十六，由大司寇行摄相事。"② "与闻国政三月，粥羔豚者弗饰
贾；男女行者别于涂；涂不拾遗；四方之客至乎邑者不求有司，
皆予之以归。"③ 孔子从 51 岁才开始在仕途有所表现。鲁定公九
年，孔子担任中都宰，相当于县令一级的官职，结果一年期间
治理效果非常好，其他各地都效法他。于是孔子升迁，成为司
空，相当于管理工程建设的部长。后来又升到大司寇，相当于
主管司法的部长。定公十四年，孔子已经 56 岁，此时当大司寇
的孔子同时代理宰相，取得非常明显的治国效果。三个月就有
这些效果："粥羔豚者弗饰贾"，卖羊羔、小猪的商人再也不敢
在价格上动手脚。"饰贾"是指用欺诈的手段来抬高价格。孔子
治理后，那些商人就比较守法了。其次又有男女有别、路不拾
遗的效果。"四方之客至乎邑者不求有司，皆予之以归"，意思
是指从四方来都城的人，不需要请求官员，都感到宾至如归。
孔子还参与过夹谷会盟。鲁定公十年，鲁国和齐国在夹谷举行
外交会议，孔子主持此事，取得巨大胜利，齐国归还侵夺的鲁
地。在此过程中，孔子动用了军队。他认为"有文事者，必有
武备"④，主张带军队参加会盟。本来齐国是想通过会盟来劫持
鲁国国君，从而让鲁国答应齐国的不合理要求，但孔子有准确
的判断，并有应对的措施，使鲁国取得了会盟胜利。

---

① （汉）司马迁：《史记》，中华书局，2013，第 323 页。
② （汉）司马迁：《史记》，中华书局，2013，第 324 页。
③ （汉）司马迁：《史记》，中华书局，2013，第 324 页。
④ （汉）司马迁：《史记》，中华书局，2013，第 323 页。

（四）孔子面对事功不遂的表现

孔子在鲁国的仕途比较短暂，几年时间而已，后来离开鲁国周游列国，但到处碰壁，因此并没有达成理想的事功。孔子坦然面对逆境，典型的例子是厄于陈蔡而讲诵弦歌不辍。《论语·卫灵公》记载："在陈绝粮，从者病，莫能兴。子路愠见曰：'君子亦有穷乎？'子曰：'君子固穷，小人穷斯滥矣。'"孔子在周游列国的过程中，遇到绝粮的困境，但他依然比较淡定，照样给弟子讲课、照样弹琴。弟子们难以忍受此困境，比如子路有点生气，不能理解这种局面，他问孔子：有修养、有智慧的人会遇到这种困境吗？孔子回答说："君子固穷，小人穷斯滥矣。"君子固然会遇到这种逆境，但是君子有个人的底线，有自己的标准，而修养不够的人一旦遭遇逆境，就无所不为，像泛滥之水到处流。小人往往为了利益而肆无忌惮，不顾法律、道德，而君子有底线、有原则。《论语·宪问》记载："仁者不忧，知者不惑，勇者不惧。"孔子面对逆境不忧虑，具有智慧不迷惑，知其不可为而为之，在逆境中不畏惧，安然处之，坦然面对。孔子不只是如此说，也是如此做。

《论语·宪问》记载："不怨天，不尤人。下学而上达。知我者，其天乎！"这是孔子对自己的表述，他不会怨天尤人，对于各种境遇，不去埋怨上天，也不去抱怨别人。不怨天，不尤人，说起来很容易，实际上做起来很难，但孔子做到了。"下学而上达"，通过学人事，而上达天道，与天合一。《周易·乾·文言》说："不易乎世，不成乎名，遁世无闷，不见是而无闷，乐则行之，忧则违之，确乎其不可拔，潜龙也。"圣贤面对逆境的状态是"不易乎世",不因为世间各种环境而改变自己的心愿,改变自己的志向,要坚守自己的理想。"不成乎名",没有成名也不会在乎。即使不能实现理想而离开世间,也不会忧闷,不被认可也不会忧闷。"确乎其不可拔"表现出了圣贤坚持理想、永不放弃、永不妥协的精神。《中庸》说:"遁世不见知而不悔。"不被认可、不被了解也不会后悔,选择一条正确的道路就走下去,比如孔子知其不可而为之,他对自己的一生比较清楚,不会因任何环境而影响自己的志向。《论语·微子》说:"我则异于是,无可无不可。"《孟子·公孙丑上》说:"可以仕则仕,可以止则止,可以久则久,可以速则速,孔子也。"孔子说自己无可无不可,可以从政时就积极从政,无法从政时就停止,从政时间长也可以,短也可以。

(五)孔子与儒学的流变

儒学是以孔子学说为基础,以历代儒家宗师的理论为主体形成的价值观念和思想体系。近代以来不少人对儒学有异议,我认为主要的一个原因在于儒学和政治有过度紧密的关系,使儒学扭曲了本来的面目。一旦儒家的学说被应用于政治,难免就被统治者利用、歪曲。后代的儒学家所理解的儒学,统治者所利用的儒学出了不少问题。而孔孟儒学的本来面目并非如此。《论语·八佾》记载:"定公问:'君使臣,臣事君,如之何?'孔子对曰:'君使臣以礼,臣事君以忠。'"鲁定公问现实政治中的君臣关系问题,他认为领导应该使唤下属做事,下属应该尽力侍奉领导。孔子回答说,应该"君使臣以礼",领导管理下属要以礼相待,以礼相待包括精神层面和物质方面,比如三顾茅庐。孔子认为应该领导首先做好，其次才能要求"臣事君以忠"，下属努力把事情做好。"忠"不是忠于某个人，而是指忠于职责，忠于百姓，忠于国家，这才是真正的忠。

《孟子·离娄下》记载："孟子告齐宣王曰：'君之视臣如手足，则臣视君如腹心；君之视臣如犬马，则臣视君如国人；君之视臣如土芥，则臣视君如寇仇。'"若领导对待下属像手足一样，则下属对待领导像腹心一样，这是一体的。"手足"和"腹心"是一个人身体的两部分，是一体的。若领导对下属像犬马一样，提供一定的待遇，驱使下属干活，则下属对待领导像国人一样，如同没有感情的路人。若领导对下属漠视甚至践踏，视其如泥土和杂草，则下属对领导像仇人一样。《论语》和《孟子》记载的君臣关系，也即领导和下属关系是双向的，意味着权利和义务是对等的，而不是单纯要求下属。可惜后代的儒学家和统治者歪曲了正常的君臣关系，乃至变成专制，未给下属足够的权利，却逼着下属尽义务。这就是儒学在政治中不断扭曲的一种表现，它背离了孔孟的思想，所以说需要正本清源，要回到孔孟思想的"真面目"。当代我们研究儒学时，应以孔孟时期的早期儒学为标准，而对后期的儒学要谨慎对待，善于鉴别。

四 对孔子的评价

最后讲一讲对孔子的评价。《论语·八佾》记载："仪封人请见。曰：'君子之至于斯也，吾未尝不得见也。'从者见之。出曰：'二三子，何患于丧乎？天下之无道也久矣，天将以夫子

为木铎。'""仪"是卫国的一个地方,"封人"是掌管边疆的官
员。仪封人是个隐士,他看到世道愈下,难以有所作为,就隐
居起来。他听说孔子经过,请求和孔子见面。见过孔子之后,
他告诉孔子的弟子,不要担心失位离开鲁国,在天下无道的情
况下,天将以夫子为木铎,使孔子得以进行教化,引导众人。
仪封人很有智慧,和孔子一见之下,就做出了很高的评价。

《论语·子罕》记载:"颜渊喟然叹曰:'仰之弥高,钻之弥
坚;瞻之在前,忽焉在后。夫子循循然善诱人,博我以文,约
我以礼。欲罢不能,既竭吾才,如有所立卓尔。虽欲从之,末
由也已。'"颜渊是孔子最得意的弟子,天资最高,即使如此,
他觉得自己在学习孔子的内圣外王之道时很困难,"仰之弥高,
钻之弥坚;瞻之在前,忽焉在后"。孔子善于教育弟子,教学很
有次第,"博我以文"是指教以知识,"约我以礼"是指教以践
行,知行合一。颜渊觉得自己已经竭尽所能,还是很难把握孔
子的境界。我认为这并不是颜渊在故意夸赞孔子,而是他对孔
子境界的真实感受。这也可以看作颜渊对孔子的评价。

司马迁《史记·孔子世家》记载:"《诗》有之:'高山仰
止,景行行止。'虽不能至,然心向往之。……天下君王至于贤
人众矣,当时则荣,没则已焉。孔子布衣,传十余世,学者宗
之。自天子王侯,中国言六艺者折中于夫子,可谓至圣矣!"①
司马迁的评价很著名,大家很熟悉,在此不赘述。重点可以关
注"中国言六艺者折中于夫子",意味着中国人谈六经、谈文
化,是以孔子的思想为标准。这也是很高的评价。

---

① (汉)司马迁:《史记》,中华书局,2013,第331页。

宋代以后的学者也有很多对孔子的评价。邵雍《首尾吟》曰："庖牺可作三才主，孔子当为万世师。"[①] 周敦颐《通书·孔子下》曰："道德高厚，教化无穷，实与天地参而四时同，其惟孔子乎！"[②] 宋儒邵雍、周敦颐都认为孔子在道德和教化方面足为世人楷模，具有不朽的地位。梁漱溟《东西文化及其哲学》说："孔子以前的中国文化差不多都收在孔子手里，孔子以后的中国文化又差不多都由孔子那里出来。"[③] 这段话未必精确，但表明了孔子在中国文化中具有重要地位。孔子所代表的儒家思想是中国文化的主要表现之一，这应该是一个共识。孔子的思想，孔子的内圣外王之道，超越国界、超越时代，今天在中国依然具有一定的影响，乃至在世界上也引起了一定的重视。

① （宋）邵雍：《邵雍集》，中华书局，2010，第 533 页。
② （宋）周敦颐：《周敦颐集》，中华书局，2010，第 42 页。
③ 梁漱溟：《东西文化及其哲学》，商务印书馆，2013，第 150 页。

✎ 问答部分

- **提问者 1**：有人做了一个语言方面的分析，今天现代汉语中的很多俗语或者常用语来自《论语》。即使没读过《论语》的人，说的一些话也是从《论语》来的。可以说，《论语》融进了我们中国人的血液里。那么，像这样一个伟大的人，是怎样产生伟大的思想的？人是一根会思考的芦苇吗？今天要张扬个性，或者发扬人性中的很多东西，当然也扩大了人的自然性，但是孔子张扬了理性的精神，的确是非常重要的。但是我一直在思考，为什么那个时代会产生这样伟大的人物？

- **李永亮**：这是一个难以回答的问题。在那个时代，所谓人类文明的轴心期，不只在中国，在印度等其他国家，都出现这样一批人，他们所确立的思想的高度和深度，我觉得可能是后人都难以企及的。在广度方面，后人应该说是更广，但在思想深度和高度方面，需要去关注轴心期的伟大人物。至于他们为什么在那个时代出现？这是一个谜，或许说是因缘际会，我的思考是这样的。

- **提问者 2**：如何看待民胞物与和内圣外王的关系？

- **李永亮**：民胞物与源自张载"民吾同胞，物吾与也"，意指百姓是我的同胞，万物是我的同类，这即是天地万物一体。由内圣而外王才能达到这种效果。首先是内圣，要有智慧和修养，然后进行外王的事业，通过内圣外王才能把民胞物与真正的落实下来。

- **提问者 3**：永亮老师是做中国哲学的，我是做外国哲学的，论道就是要进行对话和交流。关于中和论道，我们这学期有一个大概的思路：第一，以经典的诠释作为主要方式，每一讲选择一个经典，从经典中选一个主题；第二，中西经典穿插进行，上次是郭吉军教授讲柏拉图，这次是永亮讲孔子，下次是朱海斌讲亚里士多德《尼各马可伦理学》第六章第六卷，再下一次我们会选一部中国古代经典，让大家领略一下中西经典。讲座中提到雅斯贝尔斯的轴心时代，大概是说在公元前六百年到公元前三百年期间，印度文明、中国文明、西方希腊文明、两河流域文明形成了，后来虽然有一些变化，但源头都是在这些地方。文明在相互隔绝的地理位置中，突然在那几百年的时间里形成，我们把它称为文明兴盛的革新时期。

《论语》是孔子的言行记录，成为塑造中国文化最主要的源流之一，此外孔子修订了《春秋》。宋人认为"半部《论语》治天下"，也体现了对《论语》的重视。而亚里士多德在西方影响巨大，可以把孔子和亚里士多德比较一下。亚里士多德一生的著作号称有千卷，这些著作在后人的分类中，第一类是逻辑学。逻辑学又可分为范畴篇、辩谬篇、分析前篇、分析后篇、论题篇、解释篇，这些构成了他的逻辑学，就是后来所谓的形式逻辑，这一点孔子没有涉及。所以说孔子思想里边没有涉及逻辑学，怎样规范人的思维，人怎样去思考问题？第二类是理论哲学，理论哲学又包括三部分：形而上学、数学和物理学。在形而上学的层次上，孔子和亚里士多德差不多，他们都考虑到了，但是孔子的理论里边没有数学和物理学。第三类是实践哲学，实践哲学又包括三个部分：伦理学、政治学和经济学，其中伦理学是处理人和人行为规范的学问。伦理学、经济学和政治学作为实践哲学，他们分别处理的是人和人的关系，人和家庭的关系，人和国家的关系。政治学是国家行为的规范，经济学是家庭行为的规范，伦理学是个人行为的规范。通过这三大关系构成的实践哲学，分别来规定个人、家庭和国家。亚里士多德也讲伦理学，他讲伦理学的听课笔记也是由他的学生记载下来的，后来以他的儿子尼各马可的名字来命名，叫《尼各马可伦理学》。孔子《论语》主要是讨论这个问题。第四类是创制哲学，包括诗歌、修辞等，相当于孔子所谓的六艺。在我们中国文化的源头，在孔子的创制中，有一个非常重要的学术或者是知识结构中的重要缺陷，一是缺乏逻辑，二是缺乏数学，三是缺乏物理学。当然我们也可能会说，在那个轴心时期，孔子没讲逻辑学，但是墨家讲了。我们可以说墨辩名学有讨论逻辑学的问题，但是墨辩名学和逻辑学，是不是可以把它形式化，用符号构造出来一套逻辑思维的演绎体系，我觉得这是一个非常重要的问题。我们要对比一下，轴心时期中国的文化和外国的文化相比较，我们的优点在什么地方？我们的不足在什么地方？我想我们大多数人都能讲清楚中国文化的优点，但是我们要和其他的文化比较，要发现我们的不足和缺点。其次，在孔子和孔子后儒那里，基本上是没有时代的概念，也就是说以孔子为代表的儒家文化，我们可以通称为古代文化。这种古代文化我觉得是有缺陷的，孔子和孟子以及后儒基本上思考的是君臣关系，而没有考虑和思考过国家制度的安排问题，应构造一个什么制度？柏拉图、亚里士多德可以讲政治学，柏拉图写成《理想国》，亚里士多德写成《政治学》，他们在那个时候就开始在思考，我们应该构建一个什么样的国家制度，用今天政治学的术语来说，就是探讨国体和政体的关系。而在孔子和孔子之后的时代，这些问题基本上不是儒家思考的问题，也就是说皇权制一旦确定下来，孔子只是说让我们怎样从内圣走向外王，或者说只管饱读诗书，变得很有修养，最后怎样建功立业，基本上是服务于君王。儒家从来没有对国家制度提出过批判、怀疑和质疑。陈来写《儒家文化与民族复兴》，其中提出，儒家现在怎样走向世界？但是我读了这本书以后，我觉得有四个问题他没有回答。第一，我们在讲国家现代意义的时候，怎样回应市场经济？第二，怎样回应工业社会？第三，怎样回应科技革命？第四，怎样回应民主制度、民主政治。这四个问题，如果儒家在今天不能做出很好的回应，儒家生命力究竟在哪？儒家如何回应市场经济、工业社会、科技革命、民主政治这四大问题？

李永亮： 孔子在他那个时代，对当时治国所需要的各种知识技能都比较清楚，也去应用。至于后代怎样演变，孔子没有详细规划，也没有做出一定的制度设计，这需要随时代而改变，与时偕行，因革损益。孔子是一个有开放胸襟的人，对一切有利于时代、有利于百姓的，他都愿意去学习、去接纳、去推广。在今天这样的时代，我觉得按孔子的思想，我们应该积极面对市场经济、工业社会、科技革命、民主政治，学习相关内容，大力发展，努力建设。儒学中有一些原则是跨越时空的，可以应用于当代，比如诚信原则、革新原则，但是具体怎样做，需要当代的中国人去努力。每一时代的人都有自己的使命和任务，孔子提出了一些具有永恒价值的思想，也有针对他那个时代的一些制度设计，但他难以也没有必要规划几千年后的具体发展道路。在管理百姓、治理国家方面，孔子提到了一些基本的原则，但每个时代如何细化，需要每个时代的人去做。

- 提问者3：作为一个现代学者，以儒家或者孔子思想为基础，您认为现在我们怎样做？我们把它简化一下，从现代儒家的角度，如何来回应民主政治？

- 李永亮：如果依据清代的儒家思想，可能会走向过度集中。如果依据孔孟的思想，我觉得可能不会那样。我前面讲到了鲁定公和孔子的问答，孔子说"君使臣以礼，臣事君以忠"，以及孟子所说领导跟下属的关系，孔孟的真精神是强调上下级的对等关系，而不是片面维护君权。所以说要回到源头的儒学，而不能以清代的儒学思想作为标准。

- 张美宏：我想就李老师挑战性的问题，做一些引申。刚才您讲到亚里士多德《尼各马可伦理学》和孔子《论语》，我觉得两种传统的期待是不一样的。在希腊传统中，亚里士多德的《形而上学》开篇讲求知识之本性，他认为求知很重要。在《尼各马可伦理学》中，明确有所谓的好知。在好知中，中国人和西方人追求满足、追求快乐，儒家追求的叫作德性满足，亚里士多德明确强调、反复强调最高的满足是一种知性满足。德性满足和知性满足是不一样的。希腊传统是一套知识体系性的、思辨的内容。在亚里士多德那里、在希腊传统中，人是会思考的人。在孔子那里，人是会生活的人。当然生活离不开思考，孔子也强调思，思不仅仅是知识性的。

您说中国缺形式逻辑，但不代表中国没有逻辑。中国人是讲逻辑的，但逻辑不仅仅是指形式逻辑，还有非形式逻辑。如果从现代意义上讲逻辑，从世界形态上讲逻辑，非形式逻辑的一个最基本的表现是论证逻辑。我们看孔子讲的内容是不是独断论的方式，是不是权威主义的担保，还是通过讲道理的方式来出场的？从整个《论语》来看，它更多意义上是对话式，孔子不是关起门来自己讲，学生会挑战他。《论语·公冶长》说："老者安之，朋友信之，少者怀之。"这是孔子和弟子探讨志向时所说。子路性格比较急躁，他先说："愿车马、衣轻裘，与朋友共，敝之而无憾。"用这样一个简单的伦序关系来定。然后孔子又问颜回的志向，颜回说："愿无伐善，无施劳。"这更高一些，更有普遍意义。然后子路开始挑战孔子，就问老师的志向。孔子说："老者安之，朋友信之，少者怀之。"从论证方式来看，这是个逻辑的展开过程，是讲道理的方式。子路紧盯一种具体的伦序关系——朋友关系，而孔子讨论仁爱显然超越了具体的伦序关系，他把爱人推到广阔的天地之间，不限于老者、少者、朋友。所以我们说孔子是有逻辑的，有论证的。我觉得希腊人一开始也在对话，比如柏拉图《理想国》是对话形式的。这种对话也不是按照形式逻辑，但它的确是按照逻辑的方式来出场的。至于形式逻辑，古希腊亚里士多德有一套，那是谱系性的东西，他也有继承的成分，形式逻辑从近代科学等方面来说有意义。但是我想从论证的角度，从"会生活"的角度来看，孔子展示的也是一种逻辑的声音，一种是乐智之声，一种是乐德之声。孔子是会思考的人，是会生活的人，这个生活中隐含了一种广义的思考、义的逻辑。从现代逻辑来看，逻辑的论证不局限于简单的形式逻辑。

刚才您讲到市场经济、工业社会、科技革命、民主政治，这四个面向从古希腊传统来讲，亚里士多德至少回答不了三个问题。亚里士多德没有能力回答科技革命，也没有能力回答市场经济，也没有能力回答工业社会，他最多能在政治学里对民主有一个雏形的考虑。所以我想我们对孔子也不能有过高的期待，让他讲改革开放、科教兴国。

— **提问者3**：我不是说亚里士多德讲了这四个问题，因为西方现在从来没有一个人说回到亚里士多德去，但是中国现在是要回到孔子去。

— **杨老师**：如果儒家不能回答现代社会所出现的一些问题，我感觉在现代意义上它就没有生命力了。但是我们也要明白，中国的思想、中国整个的学术体系和西方学术体系是不一样的，比如孔子所赞扬的颜回，他一箪食，一瓢饮，在陋巷，人不堪其忧，回也不改其乐。儒家强调内圣，是希望达到一个非常高的起点。西方重视智慧，亚里士多德有庞大的学术体系，而且非常完整，现代意义上的所有学术几乎都可以在亚里士多德那里找到源头。《论语》没有这样的体系，但是薄薄的一本《论语》希望达到的内圣与天人合一的和谐，这也是非常难得的。比如印度哲学，包括佛教哲学有来世的思想，这也是我们中国体系里很少有的。西方的宗教精神，我觉得自古以来是中国社会很少有的。所以说文化有很多不同的轨道。儒家学说怎样来回应刚才李老师的问题呢？刚才永亮老师说，后代的儒学和源头的儒学是有区别的。君一定要使之以礼，臣要敬君以忠，这个忠在儒家学说或者古代汉语中的意思是要做好自己应该做的事，比如对朋友做了承诺，答应的事一定要做到。我们要思考古代的传统学问如何回应现代意义，否则就像李老师说的，阅读传统文化可能被误导，我们一定要遵循现代文明的、民主的、科学的、理性的精神。如果我们对自己文化的优点和不足都不清楚，那真的是没办法对话。所以我觉得研究传统哲学或者传统文化的人，也需要该思考西方的东西。

－ **张美宏**：我赞同李老师的观点。我做孔子研究的方式，反对替古人背书，我们没有这个权利，我们一定要把活的东西发扬起来。前面您说孔子和亚里士多德的对话，让我有很多的感触，西方哲学的老师可能有这样一种不同的理解，我都很理解。但是我们研究中国哲学的，也有人掉到死胡同里去，背一个很沉重的历史包袱。一百年前新儒家人物梁漱溟要替儒家背书，但他的思路恰恰能回应您前面提出的那几个问题。他认为，在新文化运动中，中国人必须老老实实地接受西方的科学与民主这两个传统，中国要向西方补课。作为儒学来说，这是义不容辞的，五四时期我们就要做这个，吃饱穿暖、有民主政治很好。但梁漱溟也说西方文化没有出路，为什么？第一次世界大战、英法百年战争都是在科学、民主这样一个投票机制中投出来的，投的结果是人差点走向灭绝。一战之后欧洲是萧条的，二战以后德国人也在检讨，有宗教、有思辨哲学，但还有欠缺。梁漱溟认为缺了中国人和的思路、折中的思路。按照梁漱溟的想法，中国文化早熟，科学民主的第一步没解决，还没吃饱，就直接跑到折中调和的思路里去了，所以他认为中国新文化运动最重要的第一步是我们必须要补课，向西方学习，走第一条路，学习科学、民主、逻辑等。但经过二次大战，人类最终投票投的结果还是走向没落，怎么办？需要儒家的调和，但梁先生情感性太重，在某种意义上也给我们一种建议，他说未来人类文明归属于儒家。但是我们中国文化早熟，早熟的结果是我们忽视了您前面提出的四个问题。今天人类已经进入21世纪，已经是民主文明时代，为什么还要尊一个君主高高在上的特权呢？儒家从外王的角度强调要有一个理想的人间秩序，这种人间秩序是科层制有序，要有领导、有下属、有组织，是要有条理的。没有条理、没有头绪的社会，儒家认为是人类的灾难。在传统农业社会，儒家重视君臣关系，但儒家又是开放的，强调有序的科层关系，而不是维护一个僵死的君主。比如孟子探讨汤武放伐的问题，赞同商汤伐桀、武王伐纣。《孟子·梁惠王下》记载："贼仁者谓之'贼'，贼义者谓之'残'。残贼之人谓之'一夫'。闻诛一夫纣矣，未闻弑君也。"没有必要维护一个高高在上的君主，所以孟子讨论君主的合法性在于对天下普通民众的一种关怀，若失去对民众的关怀，就是独夫。杀这样的人不是弑君，是诛一夫。儒家把仁义置于一种至高无上的政治价值观念中，在国家构建中强调仁义，仁就是普遍的关照天下。儒家的理想很难实现，所以我们一直是很向往。儒学到今天来说，还有一种指引，大家一直还有这种乡愁。

- **提问者3**：感谢你的回应，首先说明一下，我是觉得我们现在还是应该补一补古典文化的课。讲孔子、讲孟子、讲荀子、讲韩非子，甚至讲管子，这些人物都可以，我们多读一些，多了解一些，让我们的血管中多流点中国文化的血液，这是我们共同的理想。但我前面提的问题不是说我们苛求孔子必须要思考市场经济、要思考科技革命等问题，所以美宏说亚里士多德不是也没有思考到那些问题吗？这不是我提问题的目的，我提问题的目的是：孔子在那个时代，不管他怎样思考问题，作为中国人，我们也不可能把西方制度拿来以后完成国家的治理。西方文化在每一个时代都有一个文化的范式转型，古代的时候是古典文化，可以说是以柏拉图、亚里士多德等人为代表，中世纪神性文化、文艺复兴文化、近现代的文化都有转型。比如说现在的西方，不管是美国，还是德国、英国、法国，不会说我们把亚里士多德的或者柏拉图的政治理论拿来治理、管理国家。但是我们国家恰好没有这样一个理论转型，我们往往似乎是我注六经，六经注我，这就提出一个问题，既然我们的文化形态没有大的转型，作为一个现代国家，如何回应现代社会的这四个问题，这就是我们现代儒家要思考的问题，而不是说我刻意要让孔子去思考这些问题。儒家思想在现代社会怎样回应这些问题：科技革命、工业社会、市场经济、民主政治？即使说这四个问题都在孔子和亚里士多德的视野之外，现在西方社会在发展的过程中也已经提出这四大问题，我们国家在现代化的过程中也已经接触到了这四个问题，但是作为文化，儒家在今天如何回应这些问题，这是我们现代人在继承和发扬儒家思想的同时要思考的问题。

- **提问者 4**：李老师刚才提到，内圣外王作为一种人格理想和政治理想，强调的是在既定的社会体制下自身的修养，它并不对外部的社会制度进行诉求。也就是说，儒家过分强调德性人格，您认为这是否在一定程度上阻碍了当时国家制度的建设和完善？

- **李永亮**：我前面提到内圣有两个方面，一个是德性的修养，一个是智慧。智慧包括什么？对人生、对社会、对国家制度的探讨，但是没有明确的体系性的论述。中国古代的礼乐制度，在西周、春秋时期，还是有一定的生命力，孔子是在这样的背景中去探讨内圣外王的。孔子是圣之时者，与时偕行，如果说时代演变了，他会随着那个时代政治制度的改变去思考问题。礼乐的真精神一旦能复活，它还是可以起作用的，不过可惜的是，春秋晚期礼乐流于形式，几乎没有生命力。孔子希望复活礼乐的真精神，而不是恢复礼乐的形式，这样才能去实现内圣外王。对于民主、自由，中国人更多的强调集体、国家。到了当代，儒家也应该以开放的胸襟去吸纳一切对于人类有积极意义的思想，儒学不是一个封闭的系统。后期的儒学出了一定问题，尤其明清以后逐渐封闭，它的生命力就不足了，所以说五四运动以来中国人才去检讨它，乃至反对它。因此要回到源头的儒学，看到鲜活的一面，有生命力的一面，将其运用于今天，去思考、去处理很多问题。

- **张美宏副教授总结**：永亮今天的报告从《论语》的文本演变讲起。魏晋玄学时期从何晏开始，《论语》的历史命运是一个不断抬升的过程。王弼也做过《论语》释义，玄学家对于《论语》非常感兴趣，援道入儒。他们一方面是精神贵族，另一方面又是世俗的官员，所以他们必须要对政治有关注，对秩序有关注，又要追求放达。何晏和王弼对《论语》的重视度都是很高的。永亮前面讲到了何晏的《论语集解》。何晏对《论语》的提升，凸显道家的自在性、自由性、自足性，他把伦理道德讲成自足，人性的自足，从自然这一方面去讲。后面永亮又讲到孔子的内圣之道、外王之道，讲得非常详细。永亮也讲到，孔子很勤恳，他后来是学有所成，学有所获。大哉孔子，博学而无所成名，博学是无所不知，但他又无所成名，不做专家，不做专家就去做哲学家。哲学家不是局限在某一个方面，强调通达性。从重要性上来看，孔子的确是很重要的，永亮讲到"天将以夫子为木铎"。孔子这样的思想家，对一个民族、对一个国家影响是非常大的，孔子使中华民族以一种独特的方式出现，以致黑格尔在《哲学史讲演录》里对孔子还有批评、有非议，因为孔子太独特了，对我们民族的影响太深刻了。内圣之道也好，外王之道也罢，孔子思想都是非常重要的，对我们中华民族的影响是非常大的。

儒学是开放的，它不存在视他者为异类，而是仁民爱物，民胞物与，会接受好的观念。但德性在任何时期都是人类所普遍追求的理想，儒家在这里为人类的未来勾画出一个美好的前景，做出正确的引导，我想这是值得肯定的。

第三讲

《论语》中的"仁"及儒学传统中对"仁"之观念的解释和展开

1. 如何界定"儒""儒家""儒学"等概念？

2. 从语源学方面如何界定"仁"的概念？

3. 孔子仁学的思想来源及起点是什么？

4.《论语》中的"仁"之含义是什么？

5. 儒家传统中对"仁"之观念如何解释，其意义是如何展开的？

👤 汪光文（主讲人）

各位老师，同学们，大家晚上好！

我今天晚上向大家汇报的题目是《论语》中的"仁"及儒学传统中对"仁"之观念解释和展开。

随着儒学逐渐再度成为显学，我们认为要对儒学历史形态做出新的思考并展望儒学的未来发展，就需要回溯反思"何为儒学？"这一最基本的问题。

要理解儒学，必须回到儒学自身的历史语境。陈来先生认为，儒学是指儒家的学术体系，是由孔子开创的，以孔子的思想为核心，在历史上不断传承发展的，有两千五百年之久的思想文化学术体系。这个体系既是思想，又是学术，也是文化。

杨国荣先生认为，从其原初形态看，儒学的内涵首先体现于"仁"和"礼"，是"仁"与"礼"的统一。实际上，从本源的层面看，儒学的原初的形态可追溯到周孔之道或周孔之教。其中，"周"代表了原初儒学中"礼"的观念，"孔"则主要关乎儒学中"仁"的思想。梁漱溟在《中国文化要义》中指出："唯中国古人之有见于理性也，以为'是天之所予我者'，人生之意义价值在焉。……自周孔以来两三千年，中国文化趋重在此，几乎集全力以倾注于一点。"作为儒学的历史源头之一，周公最重要的贡献是制礼作乐，实际上代表了原初儒学形态中"礼"的观念，其真正意义在于突出"礼"在制约社会人伦关系中的普遍规范和体制意义。

"仁"是孔子思想体系的核心，尽管"仁"作为文字在孔子以前已出现，但孔子真正赋予"仁"以深沉而丰富的价值意义。孔子奠定了儒家的立教之旨，传承了上古的中华文明传统，确立了儒家的基本价值取向："仁者爱人。"

今天的报告分为以下几个部分：第一，对儒、儒家、儒学等几个概念做出说明和解释。第二，对"仁"字进行语源学考查。第三，介绍孔子仁学的思想来源和起点。第四，厘清《论语》中的"仁"的含义。第五，儒家传统中"仁"之解释角度及展开。

一　对儒、儒家、儒学等几个概念的界定

首先，我们来看几个概念的解释。

关于儒家，我们学界的共识是将其定义为一个侧重学术流派的概念，春秋战国时期，儒是以"相礼"为职业的阶层别名，孔子因"儒"得名开创了儒家学派。

秦家懿认为，中国人一直用的词语是"儒家"或"儒教"，意即儒者（饱读经书者）的教训或学派。关于儒家是不是一种宗教的问题一直存在着争议。实际上"儒家"与"儒教"都是传统说法。"儒教"的"教"不一定指西方意义上的"宗教"之"教"，在我们的语境中主要将之限定为"教化"之"教"，而这两种称谓的差异是细微的，如果将"儒家"定义为一种学说流派之称名，"儒教"则指儒家学说如何作为一种教化体系进入实际的人心、社会、政治生活领域。

为何说孔子从"儒"得名？"儒"的本源意思究竟是什么？我们先来做具体的考察。

汉代许慎在《说文解字》中对"儒"字的解释是："儒，柔也，术士之称，从人需声。"作为名词，"柔"是对术士而言，所以又说"儒"为术士之称。

近代以来，章太炎通过训诂考证方法来讲儒家的起源问题："儒者，术士也。儒之名盖出于需。需者，云上于天，而儒亦知天文，识旱潦，是一种以宗教为生的职业，负责治丧、祭神等各种宗教仪式。"胡适则认为，"儒"就是西周那些保存了殷人

礼仪礼节的遗民。李泽厚也认为儒家是由巫师演化而来的。孔子自己曾经说过,"吾与史、巫同途而殊归也"。但是从孔子开始,"儒"的观念发生了变化,渐渐脱离了巫的知识范围。因此,在他看来,儒家是承袭殷商以来的巫史文化,发展了西周的礼乐传统,是一个重血亲人伦,追求现实事功,礼教德治精神始终一贯的学派。

那么"儒"和"儒家"到底是两个概念,还是一个概念?冯友兰先生认为儒是古代的一种有知识、有学问的专家,他们是散在民间,以教书相礼为职业的人,这是古代的儒;而儒家是一种思想体系,这个体系的产生并不能从儒这种教人教书相礼的职业得到说明。

儒的起源成为中国学术史上一个众说纷纭的悬案。"儒"字,历来被训为需。殷墟甲骨上多次出现"需"。就近代以来的原儒研究,基本上是集中在职业的类型和职业的名称。如果我们从思想史的角度看这个问题,这些说法大都没有涉及儒家作为一个思想体系的起源。

西汉司马谈将春秋战国时期的"诸子"概括为阴阳、儒、墨、名、法、道德六家,区别"所从言之异路",予以评论。后来,刘歆又将诸子归为儒、墨、道、名、法、阴阳、农、纵横、杂、小说十家,从学术源流、基本思想及可能造成的流弊等方面,详为论述。这一时期,诸子虽然抒发思想各异,但都有极高的政治热情,各派都高度重视道德伦理。诸子学说俱源于六经。"六经"是诸子的源,诸子是"六经"的流,诸子在治学路数和运思方式以及概念范畴系统的建立和运用等方面可以统一。而诸子之间最大的不同,就是在天下大乱的政治背景下,诸子从"六经"的思想库里各取所用，各有所长，形成学派纷起的格局。

孔子作为三代文明的传承与总结者，开创了儒学学派，延续和承接中华文明的主流文化，但是儒家经典却不是从《论语》开始，也不是从孔子话语开始，而是以孔子以前的《六经》为其最核心的经典体系，《汉书·艺文志》中讲孔子"上承六艺，下统九流"，九流之中有儒家，儒家有孟子、荀子等，是"祖述尧舜，宪章文武，宗师仲尼"。将《论语》归入《六艺略》中，排列在六经之后、儒家之前，其作为六经之辅翼，地位较为特殊。

二 "仁"字的语源学考察

"孔子贵仁"，何为仁？训释仁，并对其进行创新性继承和创造性转化，离不开对其字源的分析和语源学考查。

许慎《说文解字·人部》说："仁，亲也，从人从二。忎：古文仁从千、心。𡰥：古文仁或从尸。"段玉裁注："'从人二'，会意。《中庸》曰：'仁者，人也。'注：'人也，读如相人偶之人。以人意相存问之言。'……'人耦（偶）'犹言尔我亲密之词，独则无耦，耦则相亲，故其字从人二。"实际上，从构形上看，早在许慎的时代"𡰥"与"忎"是构形为"仁"字的"古文"，这两个古文构型产生时间比"仁"字还要早。

章太炎指出："仁，古文作𡰥，与古文夷同，盖古文仁、夷同字也。"因"尸"与"人"在古文中同形，"从尸从二"后来便写作"从人从二"。后人对"仁"的分析，多从该字入手。王献唐继而指出："人和夷是一个字。所谓'仁道'即是'人道'，'人道'又即是'夷道'，因而秦汉以来，有'夷人仁'和'君子国'的记述。"庞朴也认为从尸从二的古"仁"字，与"尸方"（夷方、人方）文化有关。"古'仁'字从尸实系从夷，而从夷之所以为'仁'，当是夷风尚仁，风名从主的缘故。"

从字形上分析，"尸方"（夷方、人方）之"尸"，与古代夷人祭祀时的跪拜风俗有关，"尸"就是一跪拜之形的象形化，换言之，"尸"的基本含义便是敬，"敬"凸显的是仁之内在精神。《后汉书·东夷列传》云："夷者，柢也，言仁而好生，万物柢地而出。"从大汶口文化与龙山文化考古发掘可证明，"九夷"远在夏商之前就已存在，从这一意义上考论，"仁"字或许在夏朝就已出现。不仅如此，蕴含伦理道德义项的"仁"，也应该在夏朝甚或更早时期就已产生。

在郭店竹简中，仁字均写作"𠱌"，这表明"从人从二"并非仁字的最初构形。"仁"的古文应做"𠱌"，是由"身"和"心"构成的"仁"的另一个字形，表示"心中想着自己，思考着自己"，也有"成就自己、完成自己"的意思。

对于该字，廖名春和白奚提出了自己的看法。

廖名春认为，"仁字较早的构形为'𠱌'，讹变为'忎'，省变为'仁'"。在古代汉语中，"身"是指己身，"人"是指他人。这样，"从身从心"实际应该表达的是对己身的爱，而不是对他人的爱。他推测，"仁"的本字应是从人从心的"㐺"，因为"先秦诸子对'仁'字的训释，无一不落脚在'爱人'上，可见，'爱人'为'㐺（仁）'之本义无疑。'爱人'就是心中有百姓，心中有他人，想百姓之所想，急百姓之所急，这就是'仁'。至于写作'从身从心'的'悬',应是后来的变化。"

白奚认为"悬"的构形"从身从心","从'心'表明该字与思考或情感有关,从'身'表明此种思考活动的对象是人的身体,也就是以人本身为思考对象。……心中思人(广义的、抽象的人),将他人放在心上,应该就是'爱人'和'同类意识'这一仁字的本义。总之,'悬'('忎')和'尼'('夷')有着完全相同的涵义,传达着同样的信息,它们是'仁'字的两种更古老的不同写法,这是古文字中典型的同字异构现象。"可见,二人虽然对"仁"字的具体构形认识有所不同,但基本的思路却是一致的,即"仁'主要是指对他人的爱,而不是对己身的爱"。

庞朴认为,郭店竹简中大量出现了"从身从心"的"仁"字写法,这表明在孔孟时代,人们采用"从身从心"的写法而不再用"从尸从二"的写法来表示"仁",是当时子思学派将孔子的人道理论建基于人情、人心和人性。"仁不再是夷人的德性和尸方的美德,而是任何身体都具有的一种心态。"古"仁"字的字形的变化,反映出"仁"逐步从地域性、民族性的美德转变成普遍性、人类性的美德。孔子及其后学他们"把'仁'字改写为'从身从心'",并强调"'仁'是普遍性、人类性的美德,应该突破血缘界限,把仁爱的德性施行于全人类",而《说文解字》所说"从人从二"的"仁"字"只是汉代的写法","它本身并不足以说明仁字的原初意义"。

从上面的讨论我们可以初步梳理得出"仁"字的语源学逻辑关系,其本字应是从人从心的悬,"爱人"是"悬"(仁)之本义。在文字初创时期,人们的思维水平以具象思维和直观表达为主，而《说文解字》所载"尼"字构形恰好符合此特征，"尼"字构形就是仁概念的最早形态。构成"尼"字的"尸"符是"夷"字的省略形式，而"二"符出现是"为了装饰和补白"，因此，"尼"字乃是"夷"字的变体，在构形上指称夷人所特有一种对个体外在威仪的描摹，这一内涵符合《尚书》《诗经》等上古文献之出中"仁"字用法，其构造原理所体现的直观表达和具象思维为其"早出"提供了佐证。随着人们将"尼"定义为一种内在的品德，就转变为抽象化的概念，当时的人们将其与内心的情感等活动相关联，在从"尸"之"尼"的基础上添加了"心"，将本义为"以身体呈现威仪"的"尼"字替换为"悬"，最终形成"忎"字构形，所蕴含的意义本是人类凡有"心"者所特有和所必修的美德，是人之所以异于禽兽的天命之性。

许慎将"忎"视为"古文"，将"仁"视为今文，便可理解"仁"字则是在"忎"字基础上进一步发展而成的。新的字形"仁"相较于"忎"之优点，不仅涵盖了个体修养的"身心"之"忎"，还体现了"他者"优先性。这一新意的逻辑前提，是人们发现，只有在和跟"他者"的适宜的相偶互动之中，才能真正实现"忎"德时刻。实际上，"仁"这种写法最终取代"忎"和"尼"是因为"仁"字构形在义理方面能够涵盖"忎"和"尼"，并且还发展出"相人偶"这个独特的含义，这也是"仁"字取代"忎""尼"，得到广泛流传的决定性因素。

三　孔子仁学的思想来源及起点

接下来，我们来谈孔子仁学的思想来源问题。

　　《六经》是夏商周三代文明史的结晶，就此而言，有人认为儒家思想的来源传承是由商人的自然宗教思想发展到周人的伦理宗教思想，将西周的行政教化传统当作儒家思想的直接来源。《史记》记载司马迁的父亲司马谈说"儒者以六艺为法，六艺经传以千万数"。这表明孔子以传承六经传统为己任，并且提出超越礼乐文明的"仁"的思想，传承和超越、创新融合在一起。一直到汉代，《六经》的传承和解释完全靠孔子和儒家。如果没有中华上古文明，孔子的思想就没有根源。《吕氏春秋》中总结孔子思想称"孔子贵仁"，就是说孔子思想以仁为核心。孔子的思想在他的几代学生里不断传承，后来孟子对"仁"这个字强调的同时，又加了一个字，变成"仁义"，将其进一步扩大为"仁义礼智"四德。具体来说，"仁义礼智"四德作为儒家所提倡的最基本的核心价值，其特点我们可以概括为以下四点：以礼为行为规范，以仁为思想核心，以义为价值准绳，以知（智）为认知手段。

　　实际上，我们认为，在记载春秋时期史事的《左传》和《国语》中的"仁"观念是孔子"仁"学的直接思想来源。

　　据考证，《左传》中"礼"字出现402次，"仁"字凡33见，《国语》中"仁"24见。整个《左传》一书，把"礼"提到最高地位，而且在《左传》中没有"礼义"并立之意。《论语》讲"礼"之处75次，而讲"仁"之处有109处之多。由此看来，孔子已将其思想重心转移到了"仁"之上，他的思想不是以"礼"为核心，而是以"仁"为核心了。实际上，恢复周礼是孔子提出"仁学"的目的。为了恢复周礼，孔子提出"仁"的学说，作为礼的理论基础。"孝弟"是"仁"的根本内容，"忠恕之道"是实行"仁"的方法，"爱人"是"仁"的重要内容，这些"仁"字，大多数还是在众德之一的意义上使用的，比起以《逸周书》为代表的西周末期到春秋早期的典籍中的"仁"观念，已经有了很大的丰富和推进。其中一个最明显的事实就是"仁人""仁者""仁也""不仁""非仁"等道德判断的大量出现，这种情况在《逸周书》中尚没有出现。"仁"作为那个时代流行的德目中最为重要的一个，其意义是十分广泛的，很多本可以用其他德目来评判的行为，都可以用"仁"或"不仁"来概括。因而"仁"便在一定程度上涵盖了诸如"忠""孝"等德目，成为一个带有综合性质的特殊德目；而"忠""孝"等德目则各自从不同的侧面体现了"仁"。对"仁"的论述，主要是对某人或某行为做出"仁"或"不仁"的道德评判，而不是着力于挖掘"仁"的内涵或对"仁"进行界定。

在《左传》和《国语》关于"仁"的阐发和界定中，出现以"爱"和"亲"释"仁"的情况，这些阐释被孔子有选择地吸取，作为他创立仁学的思想素材。在这里，我们需要特别重视的是，孔子的理论突破和贡献主要集中在一点上，那就是把此前有关"仁"的诸多论说、诸多含义凝聚到一个"爱"字上，使"仁"成为人生所要终身为之奋斗的最高的、理想的道德境界，并以此为核心创立了一个博大的思想体系。

从方法论的角度来看，《左传》和《国语》已经开始了在"全德"的意义上使用"仁"的理论尝试，探索在众德之外寻找一个能够包容、涵盖众德的更高、更有普遍意义的"全德"，实际上为孔子"仁"学的出现提供了必要的思想基础和理论准备，在方法论上也为孔子的"仁"学提供了经验、借鉴和理论突破的阶梯。孔子沿着《左传》和《国语》探索出的路子继续前进，对"仁"进行了关键性的提升，从而创立了以"仁"为核心的儒学。

"君子务本，本立而道生。孝悌也者，其为仁之本欤！"孔子仁学是从亲情之爱开始的，孝被认为是仁的真正起点。亲亲之孝首先是一种最真实最原始的自然情感，这是人类共有的真情实感，孝只是这种真情实感的最初表达。"人同此心，心同此理"，所以能够"尽己"以及人，"推己"以及人。他主张从孝开始，一层一层推出去，即：立足于爱亲，进而拓展到爱所有的族众，再由爱族众发展为爱华夏民族，由爱华夏民族推衍到爱所有的人，推到自然界的一切生命。这一层次显示了孔子的"仁"，由亲及疏、由近及远的推衍扩大过程。仁是天生之德，而天以"生"为道，那么，仁的基本内容就是一种普遍的生命意识，表现为生命关怀。这种生命意识和关怀之所以是普遍的，是因为天之"生"人"生"物，是没有偏私的。从生命的意义上说，人与动植物都是天之所生。对天所生之物，都要有同情和爱，这是仁的最本真的普遍含义。

仁是如何贯穿孔子思想的始终呢？孔子提出"下学上达"。刘宝楠引《论语比考谶》说："君子上达，与天合符，言君子德能与天合也。""上达"是上达天道。"下学上达"即是仁充实、发展、完善、提升的整个过程，不仅是沟通己与他人的活动，同时也是沟通己与天道的活动，通过仁可上达天道，打破自重黎"绝地天通"以来少数贵族对天命的垄断，使天与个人发生联系，为个人成圣提供了可能。仁作为心灵的自觉和活动，始终以天道为归宿，是向天道无限超越的过程。这样，孔子将仁与天统一起来，我的德乃是天的赋予，具有形上的根据，通过"下学上达"，践仁知天，将作为道德禀赋的仁上达天道，这一新的精神方向以后经由子思的"尽其性""尽人之性""尽物之性""赞天地之化育"，以及孟子的"尽心""知性""知天"进一步发展，成为儒家思想的一个重要内容。而在这一"上达"的实践活动中，天逐渐内在化、虚位化，而仁（诚，心）则成为无所不包的精神存在，成为一自由的精神境界，实现"天地万物一体"之仁的境界，是孔子仁学的最终目的。

孔子努力把外在的等级制度、历史传统，转化为内在的道德伦理的自觉要求，从整顿人的社会性中最亲爱的家庭关系入手，讲求父义、母慈、兄友、弟恭、子孝，并以家国同构精神推而广之，讲求"父子有亲、君臣有义、夫妇有别、长幼有序、朋友有信"，这种由血统而政统而道统的致思路径，深刻启发了后世儒者，创造出一整套正心诚意、修身齐家、治国平天下的理论。由此，"仁学"因其植根于最切近、最亲密、最难以摆脱、最本能捍卫的血亲观念之上，而获得远胜于其他学派的巩固地位，从而构筑起中国传统文化伦理—社会—政治学说基本框架的理论基础。

四 《论语》中的"仁"之含义

孔子、孟子是先秦诸子学里面重要的一部分，诸子以《六经》为源，从传世文献资料来看，研究孔子生活时代背景的文献主要集中在《六经》等古籍，研究孔子及其思想的文献主要来自《论语》《史记·孔子世家》《史记·仲尼弟子列传》的集中记载和《孟子》《荀子》《庄子》《吕氏春秋》等文献中的零星记载。后人重构的孔子生活时代背景包含更多的假设和逻辑建构的成分。实际上,《论语》是"原初的孔子思想",但是从文本的特性来看,先秦孔子思想的传播往往依靠口授或者竹简记载,孔子本人不可能把其思想去全部记载下来,而后世弟子也只能择其精华而记录,这就造成流传下来的《论语》文本往往省略对对话背景的必要交代,简化孔子对其思想的充分阐释,而侧重对其原则、评价等结论性言语的记载。

据考证,在篇幅仅万余字的《论语》中,"仁"出现109处之多。我们说孔子的思想以"仁"为核心,《论语》中的"仁",就成为研究孔子仁学的基本素材。在这里,我们需要说明的是,"仁"为《论语》思想核心及评判善之标准,为元儒立论的出发点,如果其出发点就是不确定的,元儒的思想体系就无以构建,春秋时期就难以成为儒家一派。由此我们做出的合理假设是,《论语》中"仁"具有清晰的概念以及完整体系。据孔子解释,仁者"爱人","君子务本,本立而道生。孝弟也者,其为仁之本与!"参以孟子"亲亲,仁也","仁之实,事亲是也",可以得知强调血缘纽带是《论语》"仁"的最基本含义,这是儒家思想区别于其他各家的最大特征。以此为立足点,我们认为,《论语》文本中"仁"的含义大致可以分为以下几点。

第一是指仁德,"仁"代表一种品行和思想。一方面,"仁"为诸德之一。孔子论"君子"之道有三:"仁者不忧,知者不惑,勇者不惧。"(《宪问》《子罕》)见于《中庸》者,有:"知、仁、勇三者,天下之达德也,所以行之者一也";在"三达德"

中，"知""仁""勇"是一个有机整体。"好学近乎知，力行近乎仁，知耻近乎勇。"另一方面，仁统"全德"，"仁"包括恭、宽、信、敏、惠（《尧曰》）；恭、敬、忠（《子路》），"刚、毅、木、讷近仁"（《子路》）"仁"是"爱人"（《颜渊》），"仁"既是诸德之一，又是诸德之最高者而统摄诸德。赋"仁"以"全德"之意，是孔子"仁"的思想成熟的标志，是"仁"学创立的关键。在"三达德"中，"仁"是核心，统摄"知"与"勇"，是智慧、勇气的情感基础。作为"全德"而统摄诸德的那个最高之德，并不在诸德之外，而在诸德之中。

第二，指仁者、仁人，即有仁德、行仁事之人。"仁"是男性独有的"美德"。孔子说："君子而不仁者有矣夫，未有小人而仁者也。"（《宪问》）正是在这种意义上，孔子提出："夫仁者，己欲立而立人，己欲达而达人。"（《雍也》）没有"立己"何以"立人"？不能"达己"又何能"达人"？这一思想后来被子思概括为："成己，仁也。"（《礼记·中庸》）

第三，指行仁，做仁事，倡导一种道德个人主义。"夫仁者，己欲立而立人，己欲达而达人""己所不欲，勿施于人"（《雍也》）。这里孔子将"将心比心，推己及人"确立为基本的道德原则，强调一种在移情式理解基础之上的人际互爱。"博学而笃志，切问而近思，仁在其中矣。"（《微子》）仁人君子者"见贤思齐，见不贤而内省也"（《里仁》）。要求君子须以诚信待人，以恭敬律己。孔子看来，人苟志于仁，可以无恶。"好仁者无以尚之。"（《里仁》）所以，凡人要"依于仁"（《述而》），如："君子无终食之间违仁，造次必于是，颠沛必于是。"（《里仁》）

第四，指"仁"的境界。"仁"又是一种人生境界。对于孔子来说，"圣与仁"乃是一种理想的人生境界，是一种值得付出毕生的努力去争取实现的人生目标。"仁"是人之为人的本质，也是人之为人的最高境界。人生的最高价值即"成仁"。"成仁"既易亦难。说其易，是说能否成仁完全取决于自己。孔子说："仁远乎哉？我欲仁，斯仁至矣。"（《述而》）要达到至善至仁的境界，则需要经过艰苦努力乃至生死的考验。孔子说："我未见好仁者，恶不仁者。好仁者，无以尚之；恶不仁者，其为仁矣，不使不仁者加乎其身。有能一日用其力于仁矣乎？我未见力不足者。"（《里仁》）其中蕴含着对仁的期待。孔子是说，现实中喜欢"仁"、厌恶"不仁"的人很少见，这既不是由于"仁"高不可及，也不是人们没有能力，而是缺乏自觉。"爱人"是实践仁的基本途径，"仁"的实践方式是"下学上达"，实践途径是"忠恕之道"。孔子的"一贯之道"是"仁"，"仁"在孔子的思想体系中居核心、包诸德、合天人、贯内外，通透于其个体生命的成长之中，造就了至圣的人格境界。

以上得知，论语中的仁并不是一个抽象的概念，是有非常明确含义的，但其实质皆是"爱人"，即关爱他人，由"爱亲"而推至"爱人"，即推己及人、及物。

五　儒家传统中对"仁"之观念的解释和意义展开

在儒家传统中如何解释"仁"，这就需要我们思考其中的解释角度。借鉴王国轩先生的研究思路，我们从动态和静态两方面分析儒学传统对"仁"的定义和其内涵意义的展开。

首先，从历史的发展动态角度来看，"仁学"的演变可以总结为七个阶段。

一是仁学规模化。孔子继承上古文化中对"仁"的相关解释，将之体系化，继而规定了仁之最高层次性。

二是仁学进一步内化和外化。孟子提出"四端说"和"仁政说"，以心说仁，本心、良心、不忍之心、四端之心都含有仁，使仁的观念上达于天，下施于政。

三是仁学宇宙化。汉儒将"仁"提为五常之首，用阴阳五行论证仁，将其推上宇宙高度。

四是仁学自然化。魏晋时期，名教与自然关系中，名教的内容涉及仁义，而名教中又渗透着自然。

五是仁学道统化。以韩愈、李翱为代表的道学家把博爱谓之仁，仁为道统的核心内容。

六是仁学本体化、工夫化。宋儒提出仁是全德，心即理，性即理，理中有仁，仁为四德之首，又包含四德，把仁提到宇宙本体高度。理学家都讲工夫，认为只有工夫才能复现、完善本体。宋代二程、张载、朱熹释仁为全德并把仁普遍化、本体化。

七是近代仁学向现代思想转化。康有为、梁启超、谭嗣同等将仁学注入科学、自由、平等、博爱等思想，这是仁学的时代性特色。

以上的阶段划分，基本勾勒出仁学的历史发展风貌，但是深入思考和理解仁学之"仁"，还需要从横向静态的广度中抽取其要义进行思考。从这个角度来看，仁的基本精神和要义包括七义，即："生""爱或博爱""理""全""公""一""通"。

第一，仁为"生"。即元、亨、利、贞一切都以生为之始，体现于人身上则出现了仁义礼智四德。二程说："生生之谓易，是天之所以为道也。万物皆有春意，便是继之者善也。成之者性也。"朱熹说："春为仁，有个生意，生底意思是仁"。王阳明也说："仁是造化生生不息之理。"第二，仁为"爱或博爱"。爱是仁的起点，又是仁的归宿。博爱是由仁引发。"心兼爱人为仁"的提法。第三，仁为"理"。"仁者，爱之理，心之德也。"这就是以理说仁，其本质是把仁学本体化，仁是爱之理，爱是情，不是性，仁是性，性即理，仁发出则是恻隐，恻隐是情。仁是体，恻隐是用。第四，仁为"全"。全指全德，仁为全德，"仁义礼智四者，仁足以包之。"第五，仁为"公"。公就是公正，公是实践仁的方法，"公而无私便是仁。"于是"公则仁，仁则爱"。第六，仁为"一"。"仁者固能与万物为一"，一方面指万物一体的精神境界；另一方面是本体的意义，指万物存在的不可分的整体就是仁体。第七，仁为"通"。在通的意义上，其并不是仁的内涵，而是仁的作用。由生、爱、理、全、公、一可达到通的境界，所以为学应去私欲之蔽，破塞、破界、以通之义贯通一切。

总体来看，从横向静态的广度来看，生是万物存在的根据和始点，爱是生命的守护神，万物赖以同一的基础。有了公和仁爱，万物才能同一；万物同一，无隔相通，天下才会和谐而美满。这是仁学具有普遍意义的超越之处。

除了以上七层义理，我认为在儒学传统中，就仁的开拓性的含义来说，还可以从以下几层含义的角度去理解和思考。

第一，仁为"人"。在儒家哲学中，"人"与"仁"可互为定义，其最典型的表现，便是孟子所说的"仁也者人也"（《孟子·尽心下》）。"仁也者人也"最早见于《孟子·尽心下》。《礼记》作"仁者人也"，与孟子一致。"仁也者人也"是古代儒学中的重要论题，也是先秦儒学对"仁"的唯一定义式的表达。

自轴心时代始，中国人由天、地并立的二元世界观转变为天、地、人并立的三元世界观。儒家认为人在宇宙中可以积极参与宇宙之演进，赞天地之衍化；关于天的观念已经逐步去宗教化，天不再是最高的神，而变为宇宙中最大的自然实体。自宋以来，一般认为，"仁者人也"是强调仁作为人道的根本原理，仁是人之所以为人的根本规定。其实还有一种解释的可能性，即我们也可以说，"仁者人也"是指"仁"包含了他人优先的伦理原理。实际上，"人也"的"人"是"人我"之人，即指"他人"。董仲舒的《春秋繁露》最集中地表达的是，"仁者爱人、义者正我"，仁是仁爱他人的德行；相对于仁者人也，则是"义者我也"，表示义是纠正自己的德行。仁作为"爱"是爱他人，不是爱自己；义作为"正"是正自我，不是正他人。梁漱溟也认为，儒家的伦理是尊重对方的为他之学，而非为己，为他具有伦理上的优先性。在梁漱溟表述的意义上，可以说儒家伦理正是列维纳斯所谓的"他者的人道主义"而不是"自我的人道主义"。宋明儒学喜欢讲儒学就是为己之学，这仅就儒学强调个人修身的方面来说是不错的，儒家讲"克己"，讲"古之学者为己"，都是这方面的表现，但是并不能将儒学完全归结为为己之学。仁的伦理意义和修身意义是不同的，伦理的仁指向他人，修身的仁指向自我，仁是人的道德本质，同时也是人的道德自觉。在儒家看来，道德本质是道德自觉的根据和根源，道德自觉是道德本质的发显和表现。

第二，仁为"天"。董仲舒把"仁"定位为"天心"，"霸王之道，皆本于仁，仁，天心，故次之以天心"。以仁为天心，也就是以仁为宇宙之心，把普遍伦理作为宇宙原理，以从道德上制约、范导皇权。在董仲舒看来，仁必须追溯至宇宙天道，"身犹天也"，身体的结构是来自天、与天地阴阳相对应的，人必须遵循天道，天道禁阴，故人道损欲。仁性是善性，仁气是善气，在这里，仁既有了性的意义，也有了气的意义，仁气即是阳气，或者说阳气在董仲舒这里已被赋予仁的规定。董仲舒又说："仁之美者在于天，天，仁也，天覆育万物，既化而生之，有事功无已，终而复始。"在这里，他更明确地提出：天，仁也。这一命题把仁看作天的本质，已经接近仁体的思想。人有了天命之仁性，便有了各种德行。人道之仁与天道之仁保持一致，就是参天了。这样的仁已经是贯通天地人的真正王道了。仁既是天之心，也是天之气，甚至天就是仁。董仲舒的这些思想为后来仁体论的展开确立了方向。

第三，仁为"仁统四德"之义。关于这一点，实际上就要思考和处理仁与现代其他价值的关系。我们据此为出发点，可以回顾历史上儒家如何构建仁与其他诸德的关系。《乾卦》四德中，元为初始，元、亨、利、贞描述了天地运行、万物生长的规律，"天地之大德曰生"，一切无不以生为之始。程颐认为，元必须通四德而言，仁必须通五常而言，兼体是指元可以兼亨利贞，仁可以兼义礼智信。这些地方都是突出"元"或"仁"对于其他诸德的统领地位，把元亨利贞看成从初始发展到成熟和结束的系列过程。朱子说:"'仁'字须兼义礼智看,方看得出。仁者,仁之本体;礼者,仁之节文;义者,仁之断制;知者,仁之分别。犹春夏秋冬虽不同,而同出于春:春则生意之生也,夏则生意之长也,秋则生意之成,冬则生意之藏也。""自四而两,两而一,则统之有宗,会之有元,故曰:'五行一阴阳,阴阳一太极。'"在这种讲法中,义礼智都是仁体的某一方面的作用。后期朱子更强调对仁的理解要合义礼智三者一起看,仁义礼智作为人事之当然,与元亨利贞作为天德自然,成为同构的东西。以此来看,仁分为二,一种是贯通总体流行的仁,一种是与义礼智并立的仁。

第四,仁为"仁体"。在宋代儒学中,仁作为天地之心,始终是以"生"为中介,或以"生"为背景,意义是"生生不息"。程颢最先指出仁体,这也是其《识仁篇》思想的自然展开,"学者识得仁体,实有诸己,只要义理栽培。如求经义,皆是栽培之意"。程颢出发点是"何为仁体",但注重的是"如何识仁"。他强调的所谓"识得"是要用义理不断栽培自家身心,知解上了解仁体,这才是"实有之"。心物同体是识取一体之仁的关键。识仁使自己的心体包容万物,同时符合天理自然的道德准则。识仁的结果是让人获得仁爱万物的道德意识。识仁最初的含义是心物同体,最终的含义则是以本心论仁。识仁的关键也由认识心物同体转移到识取本心。本心乃是心体中无法抹灭的道德意识。在《识仁篇》中确有"状仁体"的表述:"学者须先识仁。仁者,浑然与物同体。义、礼、知、信皆仁也。"这里强调仁体的本体义。他以"浑然与物同体"确立了仁体的一体性,在性理上体现为仁兼四德,在实践上体现为心物同体。以生理论仁和以心论仁，表现为仁体的生化性。仁体的生化性和仁体的一体性具有内在的关联。正是因为仁体的生化性，才有了仁体的一体性。一体性缺乏了生化性，就会发生隔绝。仁体的一体性发展出后来的仁学境界论，生化性后来发展为仁学工夫论。

朱熹认为，所谓仁者天地之心，有了生成，才有万物生生不息的总体，仁体即是天地万物浑然的整体，便是"统论一个仁之体"。王阳明说："仁者以万物为体。不能一体，只是己私未忘。全得仁体，则天下皆归于吾。"仁就是"八荒皆在我闼"意，天下皆与，其仁亦在其中。如"在邦无怨，在家无怨"，亦只是自家不怨，如"不怨天，不尤人"之意。"然家邦无怨，于我亦在其中，但所重不在此。"仁体即心体，强调仁体的功夫意义，而非存在意义，人生皆有此心体即仁体，而常为私欲所蔽，需在心上多磨炼的功夫来恢复其本体，此心光明也就可识得仁体。康有为以仁为体，具有仁学本体的意识。他认为，仁是不忍之心。"仁者，在天为生生之理，在人为博爱之德。……仁从二人，人道相偶，有吸引之意，即爱力也，实电力也。人具此爱力，故仁即人也；苟无此爱力，即不得为人矣。"牟宗三说："万物都涵盖在仁这个道德心灵之下，仁具有绝对普遍性，当它达到绝对普遍性时，仁就是宇宙秩序，从这里可以说一个道德的形而上学。"陈来认为，心学与理学的区别在于，心学把仁体作为心性本体，理学则把仁体作为宇宙的统一性实体。仁体是万物存在和全体流行的浑然整体，但不离日用常行。无论是识仁还是体仁，都要达到仁者的境界，回归与仁同体。仁是绝对的形而上学的本体和最终极的实在。

结　语

　　儒学是一个综合性的文化观念系统，其在形成之后，经历了历史发展过程，这一过程同时以儒学的分化为其特点。就儒学的衍化而言，以孔孟之道为关注点，往往侧重于"仁"的内化（心性），注重周孔之道，则趋向肯定"仁""礼"的统一。扬弃"仁"和"礼"的分化，从另一角度看，也就是由孔孟之道，回到周孔之道。对于儒学的理解，我们除了回到儒学自身的历史语境之外，还应当立足于当下语境，接着各家的共识来讲。这个共识就是，儒家的历史作用除了在事实的层面上解释世界之外，通过确立普遍的价值观念和原则，建构相应的伦常、政治制度，用以担保社会的伦理和政治秩序，这是儒学的最重要的历史功能和意义之所在。

　　任何社会行动都具有某种意义，或者说都具有超出直接生活需要的某种意义追求，"人的价值存在必然要表现为一种形而上的理想追求"。"仁"仍然是赋予人类生活以"意义"（sense）的核心价值，是一种任何社会都不可或缺的价值理想。如果当代中国社会的"失范"问题可以归结为"现代人的价值秩序……失去了统一的信仰支撑"，那么，我们在儒学和孔子仁学的框架上思考"仁"之观念，重新反思和"仁礼关系"中"仁"，并因之发展"仁学"，确立个人道德价值，奠定伦理秩序，形成教育理念，就是中国人重建自己的价值和信仰体系的一种选择。

✎ 问答部分

– **提问者1**：儒家思想的来源、孔子仁学思想的来源其实质内容有何不同？

– **汪光文**：我理解你要问的是原始儒家及孔子仁学思想发生的起点问题。

如果我们以孔子为基点"瞻前顾后"地看，儒家的起源、思想来源及其义理成型的历史是重要的历史事件。实际上原始儒家的谱系是从周公到孔子再到思孟。

《六经》是夏商周三代文明史的结晶，一直到汉代，《六经》的传承和解释完全靠孔子和儒家。如果没有中华上古文明，孔子的思想就没有根源。儒家思想的来源传承是由商人的自然宗教思想发展到周人的伦理宗教思想，周公正是商周天命观转变的理论论证者和阐发者，现在学界一般都认同夏、商、周三代的文明是礼乐文明，没有周公就不会有传世的礼乐文明，没有周公就没有儒家的历史渊源。西周的礼乐文化是儒家的文化土壤。孔子以传承六经传统为己任，作为三代文明的传承与总结者，上承六艺，下统九流，开创了儒学学派，九流之中有儒家，儒家有孟子、荀子等，延续和承接着中华文明主流文化，并且提出超越礼乐文明的"仁"的思想。《吕氏春秋》中给孔子思想的总结是"孔子贵仁"，就是说孔子思想以"仁"为核心。

孔子"仁"之思想的突破是对周人"以德配天"思想的进一步发挥，凸显了人的地位，是儒家诞生的标志，孔子仁学是儒家伦理的理论原型和宗旨，孔子承担周礼文化之命托对其进行改造，其重要内容就是提出"仁"这一概念，并以仁为基本精神来重新解释礼，赋予礼以新的内涵——仁是意义，礼是意义的生成与实现的方式，仁是"礼的内在根据"。实际上，这也表征着儒家据天命而生活的自我德性理解，只有保持天命情怀，才能建立人心秩序，这也是思孟"立命存性"的道德底蕴。孔子仁学作为一个完全的伦理学信仰系统，因其经验主义本位，在实践论层次上免除了超越性和形上性的高层理论化问题。作为儒学核心的仁学，也就是中国的"人学"，虽产生于中国古代，却内含普遍性，是可以和全世界人道主义精神相通的伦理思想。

- **提问者 2**：在古代，复杂的人际关系在古人的观念中被归纳和化约为"五伦"，即父子、君臣、夫妇、兄弟、朋友。"五伦"观念和儒家之"仁"之间的关系是什么？

- **汪光文**：实际上，"他我关系"的总原则为"仁"，落实到具体的各"伦"之中，具体要求也不同，如父子之"仁"为慈与孝，君臣之"仁"为义与忠，夫妇之"仁"为"贤贤易色"，兄弟之"仁"为"友让悌恭"，朋友之"仁"为"有信"。体现于五伦之中的不同的"仁"之表现也存在轻重缓急之不同。儒家把对父母的爱置于包括自爱在内的一切爱之首，是人与人之间普遍的爱的起点，更是爱的秩序得以建立之源。这种对父母的爱，就是"孝"。孝是仁的心理情感基础。

孔子说："弟子入则孝，出则弟，谨而信，泛爱众而亲仁。行有余力，则以学文。"这里的意思也表明，在孔子的仁学中，道德实践优先于一般的知识传授；"孝悌"比"谨信""爱众"之伦理规范更具有道德的本源性。实际上，孔子重视孝悌的根本原因在于，这种最朴素、最本初的血缘亲情是整个宗法政治伦理的心理情感基础。

- **李永亮副教授总结**：孔子学说的核心是仁，这是今天人们所达成的共识。要弄清仁的含义，准确把握仁学的实质，有必要追本溯源，回到孔子的时代，以他的言论和生活为主要依据。孔子对《六经》做了整理，累积了中华文明早期形成发展的政治智慧、道德智慧、审美取向等等。孔子的意义在于传承了那些传统，在此基础上，孔子及其儒家做了进一步探索，通过仁提出更为系统的理论学说，从而使仁成为孔子及其儒学的核心概念，孔子言论主要载于《论语》，是仁学的精神所在。尽管《论语》中"仁"的含义繁杂，却有一个基本含义：由"爱亲"而推至"爱人"，即推己及人。通过细读和阐解《论语》中有关"仁"的论述，可以从思想源头上把握儒家思想之要义。

以孔子为开创者，儒家在历史上建构了一套以仁为核心的话语、理念与实践。自孔子确立了其基本意涵之后，关于"仁"的思想论域与意义境界被后儒不断深化和扩展。回归《论语》等原典，深入探究和反省儒家仁学思想及其历史形态的开展，可以彰显儒家仁学思想意义的深度和广度及其创造性转化和创新性发展的未来可能性。实际上，一部儒学史某种程度上即是对仁的诠释历史。

儒家仁学思想的新开展，必须基于对儒家仁学思想史之演变历程的整体考察与系统观照，而且应从仁学实践论的进路推进和深化儒家仁学思想的新开展，以实现其在当代的创造性转化与创新性发展。

在儒学传统中，孔子之后，孟子继承、发展了孔子的仁学，以心性论仁，提出了"仁义礼智根于心"的道德论命题，进而提出"以仁心行仁政"和"民贵君轻"的民本政治学说。汉唐经学的特点脱胎于孔子的仁学，又杂糅阴阳、五行、道家、法家之说建构起以"三纲五常""任德不任刑"为核心价值的儒家德治主义，这实质上是一种"德主刑辅"的政治思维模式。宋明理学是"修己治人"的经世仁学，以"仁"为根本之道，走的是"修己治人"之路。二程、朱子的"仁学"标志着以仁为核心的儒家道德形上学达到巅峰，也使孔、孟仁学中某些模糊不清的概念与表述逐渐明晰、丰富且精确。经过二程和朱子的创造性诠释，儒家仁学在广度和深度上都获得了极大的提升，理论形态趋向成熟与完备，儒家道德形上学臻于巅峰状态。近代康有为、谭嗣同在19世纪末的中国承担起了儒学改革的使命，虽未建立起现代化的新儒学体系，但为传统儒家仁学的转型提供了思考方向。实际上，现代新儒学中，冯友兰所主张的新理学与熊十力、牟宗三的"新心学"一样，在本质上也继承了孔子仁学的根本精神。

时代在呼唤新人文主义出来推动文明对话，而孔子仁学最具博爱精神与协调智慧，可以经过创造性阐释充实新人文主义内涵，发挥引导世界潮流的重要作用。作为中华文化主干的儒家文化将在民族文化复兴舞台上扮演主要角色，如何与时代同行，为儒家文化的更新与普及提供学术支撑，这是当代中国学者的历史使命。

第四讲

语词和句子表述及其含义理论（一）

1. 如何理解传统逻辑的词句和命题分析?

2. 在现代逻辑的语言分析中，如何理解
弗雷格的"句子图式"理论?

3. 如何理解弗雷格思想中"涵义"和"意
谓"的关系?

👤 李朝东教授（主讲人）

今天和大家讨论的题目是"语词和句子表述及其含义理论"。这个题目来自胡塞尔《逻辑研究》的"第四研究"。"第四研究"主要研究词语和句子的含义问题。上学期我给学生授课，主题是"形式逻辑和先验逻辑"，本学期授课主题是"经验与判断"，这些都涉及逻辑问题。

胡塞尔的哲学思想分为三个阶段：第一个阶段以《逻辑研究》为代表，这一时期的现象学被称为"描述现象学"，主要是通过逻辑学和认识论的研究为数学及其实证科学（即一切自然科学）奠定基础。我经常讲西方为什么科学很发达，其背后是其数学思想，数学为什么会发达？背后是其哲学思想。事实上，并非一切哲学都可以为数学奠定基础，只有从柏拉图、亚里士多德到笛卡尔和康德以来的这种"西方理性主义"的哲学才为其数学和科学奠定基础。

1913年胡塞尔出版了《纯粹现象学和现象学哲学的观念》第3卷，简称《观念3》，这一时期的胡塞尔主要致力于分析意识的结构（意向活动和意向相关项），这是贯穿胡塞尔终身的课题。他在《纯粹现象学和现象学哲学的观念》三卷本中，解决了我们认识对象的构造问题：认识的对象并非自然而然存在的对象，总是对象反映到我们意识中之后，我们将其构造为对象。

在胡塞尔在诸如《笛卡尔式的沉思》《欧洲科学的危机与先验现象学》《经验与判断》等这些晚期著作中，更多地思考人类的命运问题，尤其他在思想最成熟的时期经历了第一次世界大战，在将要离世之时，第二次世界大战的脚步在逼近。他已经嗅到了第二次世界大战的气息。为什么在这一段时间欧洲会发生两次世界

大战？他认为自近代以来发生的这一切，都是因为"科学"出了
问题，人类的命运维系于"科学"，而科学又出现了危机，应该怎
么办？胡塞尔认为应该进行第四次哲学革命，他将自己的现象学
称为"第四次哲学革命"，即只有先验现象学才能够挽救欧洲科
学的危机，只有挽救了欧洲的科学危机，使我们的生活重新奠基
在一种生活事业的基础上，人类才有可能避免战争等不可控制的
时代命运。我们认为，不论是从追求还是理想的角度上来讲，胡
塞尔都是一个超越同时代人类的狭隘性和局限性的哲学家和思想
家。今天和大家讨论的是属于他早期描述现象学时期的《逻辑研
究》，主要讨论四个问题：一是传统逻辑的词句和命题分析，二是
现代逻辑的语言分析，三是简单含义与复合含义，四是独立含义
与不独立含义。首先，我们来了解亚里士多德的形式逻辑；其次，
我们以弗雷格为代表来了解现代逻辑的语言图式和句子图式理论。
这两个部分的内容为我们进入胡塞尔关于含义"含义"问题的分
析奠定了哲学史的基础。

一 传统逻辑的词句和命题分析

亚里士多德是"逻辑学"的奠基人和主要代表，他的逻辑学著作是《工具论》。从《工具论》的名称可以看出，亚里士多德和亚里士多德之后的西方学者，基本上都认为逻辑学是我们哲学思考的工具，现代人不再在工具论的意义上去理解逻辑学。胡塞尔在《逻辑研究》第一卷中，专门对这个问题做过讨论和分析。从《逻辑学》到《纯粹现象学和现象学哲学的观念》一直到《形式逻辑和先验逻辑》以及《经验与判断》，在从逻辑的角度讨论哲学的主要著作中，胡塞尔的理想是要建构一门"科学学"（Wissenschaftslehre）。德国古典哲学家费希特有一本书叫作《全部知识学的基础》。"科学学"在费希特的著作中被翻译为"知识论"，在胡塞尔的哲学中被翻译为"科学学"。我们现在大学里讲授的一切知识，如果用课程的形式来进行表述，比如逻辑学、法学、政治学、经济学、数学、物理、化学、天文、地理，只要它是一门课程，是构成学，都可以称为科学。胡塞尔的工作任务就是要为一切科学提供一种先验的、普遍的和一般的原则与基础，这样的一套理论就称为"科学学"。在胡塞尔看来，只有如此，全部科学才能够统一起来。

胡塞尔致力于建立一门能够使各门科学有统一的先验基础的学问，即"科学学"，他认为这个任务只能有逻辑学（即先验逻辑而非传统的形式逻辑）才能担当。为什么近代以后西方的科学发展起来？根源就在于古希腊亚里士多德的逻辑学。在那个时代，逻辑学是哲学思维的工具，但实际上是一切科学的基础。

亚里士多德逻辑学包括《范畴篇》《解释篇》《前分析篇》《后分析篇》《论题篇》《辩谬篇》等，学者们有不同的翻译，我们在这里要讨论的传统逻辑关于语词和命题的分析主要是亚里士多德《工具论》中的《解释篇》。在《解释篇》中，亚里士多德对"什么是名词和动词""什么是否定和肯定""什么是陈述和语句"等做出了规定。古希腊语中的逻各斯（λόγος）一词实际上是不好翻译的，德语把"logos"转换成"logik"，我们就把它译作"逻辑"。剑桥大学著名的希腊哲学史研究专家格思里教授从公元前 11 世纪到公元前 8 世纪（这一时期是希腊语言形成和成熟时期）以及公元前 8 世纪到公元前 5 世纪，语言向哲学转化的过程中，梳理出希腊人赋予"逻各斯"的 11 种含义。格斯里教授认为：当语言学意义上的"逻各斯"转换成哲学意义上的"逻各斯"之后，有 7 种含义，我们可以把它归结为两个最基本的含义，即"语言"和"语言理解和言说的对象"。在这里我们主要用其作为"语言"或者"语词"的含义。

在《解释篇》中，亚里士多德认为："名词是指由于约定而拥有某种意义的语音，它们不涉及时间，而且名词中的任一部分单独来看都没有任何意义。……但是，在简单名词和复合名词之间存在着差异，简单名词中的部分绝对不会有任何意义，而复合名词中的部分尽管并不具有独立的意义，但其中的部分却对整体含义有所助益。"[①] 名词是由我们共同约定的一些语音，

---

① 亚里士多德：《工具论》，上海世纪出版集团 上海人民出版社，2015，第 35 页。

比如"杯子"，是一个语音。胡塞尔在《逻辑研究》第一卷中已经分析了语词的物理声音和含义两个方面。我们中国人以"杯子"这样一种在物质层面上表达出来的语音约定为它的含义和规则。

亚里士多德认为"名词"不表达时间，比如"这是个杯子"，这个名词里不表达它是过去的、现在的还是未来的，在这一点上它和动词不同。"名词"有简单名词和复合名词，简单名词和复合名词都有含义，但是简单名词的部分没有含义，复合名词的部分可能有含义，也可能没含义。

名词有四个特征：一是"约定"，即没有任何一个名词会自然而然地成为名词，只有当它成为某种符号时才能成为名词。野兽的咆哮是声响，但不在约定的意义上显示什么，因而不是名词。二是它不涉及时间。三是不定名词（如"非人"）和名词的变形不是名词，"非人"既非短语也非否定，也不存在恰当的名词去言说这种东西，而"Philo's"（费罗的）和"to-Philo"（对费罗）只有与"是、曾是、将是、不是"等连接起来才是没有真假的（费罗的是，费罗的不是），而名词 Philo 与它们连接时是有真假的（费罗是，费罗不是）。四是名词有简单名词和复合名词之分，简单名词中的部分没有意义（如"苍野"Whitfield中的"field"部分没有意义），而复合名词中的部分，如"苍白的田野"white field 中的 field 尽管并不具有独立的意义，却对这个复合名词的整体含义有助益。

这是亚里士多德在两千多年前提出来的，究竟这些词有没有意义？它们是如何和别的词关联在一起以后才有意义和含义，我们将在"独立含义和不独立含义"等内容中进行回答。

接下来我们来讨论"动词"。亚里士多德认为："动词除了具有特定的意义外，还附带地表示时间，动词的各部分不具有任何独立的意义，而且还表示由某种别的事物所描述的事物。"[①] 从亚里士多德关于动词的规定里边可以看出动词有两个特征：一是动词附带地表示了时间，即表示一个主体保持着某物的状态，如"健康"是名词，它有意义，但不表示时间，"康复"是动词，它具有名词所有的某种意义，但它同时附带地表示出某物现在正保持着的一种状态；二是不定动词不是动词，如"未康复"是动词的变形，它与动词的区别在于不附带表示时间，to be（存在）和 not to be（不存在）不是现实事物的标记，它也不是动词。

不定动词"to be"，是西方语言和汉语之间的一个巨大的区别。汉语中没有不定动词，因为拼音文字前面还有冠词，有不定动词、分词，这些词性的区分，造就了汉语使用者和拼音文字使用者在思维方式上的差异性。

为什么把"to be"称为不定动词，是因为它的用法还不确定。如果我们将之用到语句中，如"我是人，你是教师，他是学生"，此时的"be"在语句中有了词形的变化，就表示我们所要的指称的对象在过去现在和将来的存在状况。所以时态表示的是某物在时空中的存在状况。如果我们把过去、现在、将来的动词不定式所表达的主词和用来陈述它的宾词抽象掉，那么表示事物在过去、现在、将来存在的系动词本身被抽象出

---

① 亚里士多德：《工具论》，上海世纪出版集团　上海人民出版社，2015，第35页。

来，动词的分词形式就是"Being"（德语"Sein"）。古希腊人把"Being"或者"Sein"作为哲学研究的对象，当我们将它的主语和宾语抽象掉，也就意味着把它从时态中抽象出来变成"Being"的时候，就有一个特征，即它不在时间中，如果在时间中就在语句中，在语句中就可以表示为过去、现在、将来的存在，把它从时态中抽出来，它就不在时间中，这就是巴门尼德最古老的命题："存在是唯一的，存在是不动的。"

为什么存在唯一，存在不动？不是指这个东西是存在，它是唯一的，也不是指人或者是其他的动物，巴门尼德提出了"存在"问题，只不过亚里士多德在《形而上学》中专门把"Being"作为哲学研究的对象，并且把以"Being"为研究对象的理论体系称为"Metaphysics"（德语：Metaphysik），现在我们将之译为"形而上学"。

接下来讨论语句。"语句指的是这样一种有意义的语音，其中的有些组成部分单独看就具有意义——但这些部分只是作为表达，而不是作为一种肯定。"① 语句有三个特征，一是语句由词构成的，都是有意义的，单独的名词有意义，但并不表明它是存在还是不存在的，名词加上别的词才能表示它的存在与否，这一点，我们在后面再讨论。二是一些语句可以做出陈述（命题），一些则不能做出陈述，如："今天天气污染很严重。"这些词组织在一起构成一个句子，就是一个陈述，或者命题，逻辑学中叫作"判断"。"张三是人"，这就是一个陈述，是一个

---

① 亚里士多德：《工具论》，上海世纪出版集团　上海人民出版社，2015，第36页。

命题，也可以叫作一个判断。有些语句则不能称为陈述，比如"起来"，它是一个语句，但不是一个陈述，是一个命令句，而不是一个判断句。在胡塞尔的意识行为理论中，表象和判断构成客体化行为，命令句和疑问句属于非客体化的意识行为。三是作为陈述的语句都有真和假，但有些语句（如祈使句）没有真和假。作为陈述的语句要么同真，要么不能同真，也不能同假。"今天下雨了"，这是一个陈述，"今天没有下雨"，这也是一个判断。这两个相反的判断中，一个为真，一个为假，即有些语句有真假，有些没有真假。

亚里士多德在《解释篇》中还提出"单一命题和复合命题"："每个命题必须包括一个动词或动词的变形。如果没有添加'是''将是''曾是'等这类动词，那么，即便是给'人'所作的定义，也不会是命题。……一个单一命题，或者是揭示了单个事物的命题，或者是因为结合而成为简单命题。"① 这是亚里士多德为"命题"下的定义。既然是命题，那么 S 和 P 中间就必须要有系词把它联系在一起。我们可以把"S 是 P"称作命题，也可以从语法学的角度称作语句，逻辑学上可以叫命题或者判断。此外，还有一种判断是"具有判断"，如："我有一个书包"，这里用的是"有"。在《经验与判断》一书中，胡塞尔花了很多的精力来分析"具有判断和系词判断"之间的关系，以及"具有判断"如何还原为"系词判断"等问题。

单一命题的特点有三个，一是它必须包含一个动词，如

---

① 亚里士多德:《工具论》，上海世纪出版集团　上海人民出版社，2015，第36页。

是、将是或曾是，否则就不是命题，"张三"是个名词，"张三
是"是个简单命题；由此来看，所有的简单命题至少应该是一
个"名词＋动词"，"名词＋动词"构成一个简单命题。二是如
果一个语句揭示的不止一个事物，或者语句的各部分没有结合
起来，那就不是单一命题。三是另外一种情况下，可能表达的
是多个事物，那就是复合命题，或者只是一些杂乱的、没有联
系的词语的堆积，既不揭示多个对象，也不揭示单一对象，因
此它也不是简单命题。

简单命题是一组关于某物在某一时间内是否保持某种内
容的具有意义的语音，简单命题可以组成复合命题，复合命题
是由简单命题组成的，所以复合命题就不用分析，把简单命
题分析清楚了，我们就搞清楚了什么是复合命题。简单命题可
以分为肯定命题和否定命题，复合命题也可以分为肯定命题
和否定命题。亚里士多德给肯定命题和否定命题给出的定义
是："一个肯定命题就是肯定某物的某些内容的陈述，一个否定
命题就是否认某物的某些内容的陈述。"[1] 对一个肯定命题可以
否定，对一个否定命题也可以肯定，但是，"对同一事物的同
一内容分别作出肯定和否定时，这两个陈述就是对立的"，亚
里士多德把"这样一对对立的肯定命题和否定命题称作矛盾
（contradiction）"[2]。

从康德到黑格尔以后，我们今天讲的马克思主义哲学中批

---

[1] 亚里士多德：《工具论》，上海世纪出版集团　上海人民出版社，2015，第
37 页。

[2] 亚里士多德：《工具论》，上海世纪出版集团　上海人民出版社，2015，第
38 页。

评的"形而上学"就是"形式逻辑"。现在我们来看,"张三是活人",这是一个命题,"张三是死人",这是另一个命题,第三人称现在时带出来的时间是"现在"。在此时此地对同一个对象的两种相反的判断如果一真,另一必假,这就是形式逻辑。经过黑格尔以后,这个命题怎么改造了?"张三现在是活人,经过发展以后会变成死人",这是不是辩证法?辩证法就是用发展的变化的运动的观点看问题,"张三现在是活人,张三以后会变成死人"。也就是说形式逻辑的时间概念就是"当下",辩证法就是加入了时间变化,根据黑格尔的发挥:"张三作为一个有机体,身体在不断进行着旧细胞死亡和新细胞的产生,它是辩证的。"所以在某种意义上,形而上学辩证法拒绝了思维最原初的出发点:"张三现在究竟是死人还是活人?"辩证法后来变成一种强大的政治语意力量,在政治的辩护与自我辩护方面力量非常强大,形式逻辑就是要为认识找到出发点,比如"现在张三是活人",如果这个命题为真,我们就将其作为出发点,再来认识张三怎么样。而辩证法在出发点上是要放弃对"张三的死与活"命题做出明确的判断。这就是国内逻辑学研究专家王路老师一直坚持认为辩证法不是逻辑学,辩证逻辑不是逻辑的原因。在王路老师的观念中,只有形式逻辑和形式逻辑的变种——数理逻辑,以及从康德到黑格尔再到胡塞尔的先验逻辑才是逻辑,亚里士多德的形式逻辑叫"自然语言逻辑",比如说"这是张三",它可以用"S 是 M"的一套自然语言的符号系统来表示。

历史在发展,人类的知识和思想积累得越来越多,罗马人不需要希腊的科学、哲学、艺术,他们需要的只是一部法律,来管束庞大的帝国。后来中世纪的神学家们主要做几件事情，一是研究圣经，坚定其神学信仰。除此之外，整个 1500 年的中世纪也没有中断的事情，就是这些神学家一直在研究逻辑和数学。数学产生于古希腊。中世纪，大多数人都不研究数学了，但是神学家们一直在研究数学。解方程、一元二次方程、一元多次方程等，都是中世纪的神学家们研究出来的，真正意义上的"辩证逻辑"也是中世纪的神学家们在修道院里研究出来的。英国学者吉尔比的著作《经院辩证法》，由王路老师翻译，大家可以从这本书中了解一下中世纪的神学家们究竟在干什么？正因为他们对逻辑和数学的研究，文艺复兴之后欧洲科学才有了井喷式发展。我们往往把文艺复兴以后欧洲科学的发展，如牛顿发现万有引力定理，错误地解释为苹果偶然落下砸到牛顿的头上，引发了其沉思。这是非常错误的观点。

事实上，牛顿的整个物理学是用数学推导和构造出来的理论，我们称之为"理论物理学"。他的著作有《自然哲学的数学原理》。如果自然哲学就等于现在我们所说的"科学"或者"物理学"，我们就可以将此著作理解为：数学是如何构造物理学的。哥白尼的天文学理论也是用数学构造出来的，而非经验的观察得出的。大宇宙尺度之间的引力关系必须通过理论和数学构造出来，是理论先构造出来，然后再进行解释，这种理论构造中有很多东西来自数学构造。

卡尔纳普是 20 世纪著名的分析哲学家，维也纳学派的领袖之一。《世界的逻辑构造》是他早期的代表作。他在书中提出用数学构造出物理学理论。在解释的过程中形成了一套新的理论，叫作"实验物理学"，实验是为了证实理论假设的正确性，一切理论物理学都是假设，经典物理学的假设主要来自牛顿，现代物理学的假设主要来自爱因斯坦，我们现在的实验物理学就是来证明，爱因斯坦在他的现代物理学中提出来的观点是正确的，如果实验物理学证明了爱因斯坦的观点是正确的，我们的物理学就有了新的变革，在一个新的对世界认识的基础上，也就是说假设和假设被证实。波普尔后来提出了"证伪理论"，如果这个理论不能够证明它为假，它就为真，通过不断证伪，不能被证伪的就是真理。如果说牛顿描述的是物质在光速运动范围以内的物质运动的世界图景，那么爱因斯坦描述的则是物质运动超过光速以后的大尺度宇宙空间的存在状态。如果爱因斯坦的一切理论都被证实，我们可以设想会出现一个高于或者不同于爱因斯坦的人，又会提出一套物理学的假设，科学就是这样进行的，波普尔称之为"范式演进"。牛顿代表一种范式，爱因斯坦物理学代表另外一种范式，牛顿的经典物理学中提出，物质运动不超过光速的距离，宇宙空间中我们世界的存在状态，从17世纪到20世纪，将近400年的时间，牛顿的物理学通过实验被证实了，所以才有了爱因斯坦的现代物理学提出，物质运动速度超过光速以后的世界存在状态。西方的科学就是这样进步的，但是我们都不否定，牛顿和爱因斯坦的物理学都是通过数学构造起来的，那么问题在于数学是如何进步的？正是因为数学的不断进步，科学才形成了"范式演进"，所以还是回到亚里士多德，他的理论科学划分为逻辑学、理论科学、实践科学和创制科学，理论科学包括形而上学、数学和物理学。哲学、数学、物理学（科学）这三者之间的关系是我们理解现代西方科技进步和科学发展的最终秘密，也就是我们要理解西方的理性科学。实际上，我们的哲学和西方的哲学承载的任务完全不同，我们的哲学承载的是西方宗教的任务，我们的哲学要教人如何做一个有道德的人，西方人认为做一个有道德的人的任务完全可以用宗教来完成，由此，哲学就可以腾出手为科学和数学奠基，推动科学发展。

下面，我们来讨论"全称陈述和特称陈述"，前者是对某一普遍事物是否具有某项内容给出的全称陈述（所有的人都是白的），后者是对某物是否具有某项内容的特称陈述，并且它们作为肯定陈述都有自己的否定陈述。

亚里士多德没有讨论单称，并不是他没有注意到，比如"所有的人都是要死的"，这是全称，"有些人是要死的"，这是特称，它断定了一部分，全称是断定了所有这一类事物的所有，特称是断定了这一类事物，比如"有些人是要死的"，单称是断定了这一类事物中的某一个个体，比如："张三是要死的，苏格拉底是要死的，鲁迅是要死的。"亚里士多德认为单称判断断定的"一个事物"实际是另一种形式的全称。后来在现代逻辑中，人们把亚里士多德忽略的地方，又做了进一步的讨论，就是提出"专名"，对某一个人或者对某一个物的命名就称为"专有名词"，对于"专有名词"，弗雷格和罗素都做了非常有意义的研究，亚里士多德之所以没有讨论单称判断，就是因为在他看来，单称就是另一种形式的全称判断，他指称的这个事物，是它的类的全体，所以它主要讨论的是全称和特称。

全称或特称的肯定与否定命题有如下特征：一是对于涉及普遍或特殊事物的全称陈述，矛盾命题必然是一个为真，另一个必假，如果"苏格拉底是白的"为真，则"苏格拉底不是白的"为假。后来的人们做了进一步的规定：如果是定义，所有的定义只能用肯定判断，不能用否定判断。什么是定义？定义要揭示它的本质特征，只有揭示本质特征才能成为定义，不能揭示本质特征的可以是个命题，可以是一个判断，但不是定义，命题和判断可以是以肯定和否定的形式出现的，但定义必须是以肯定性判断的形式出现。如说"张三是学生，或者张三是瘸腿"，按照亚里士多德在《范畴篇》里面提出来的"十范畴"，状态所要表达的总是这十范畴中的某一种，如数量、状态等。"张三是瘸腿"，因为瘸腿不是张三的本质属性，因此它不是定义，而只是一个陈述，只是一个命题，或者是一个判断，但也可以以否定的形式表现出来，比如"张三不是瘸腿"，这里就用了个系词"不是"，如果要揭示被判断对象的本质属性，就必须是肯定判断。二是"每一个"可以作为"全称"处理，但它并不表示"全称"，用一个全称词对一个主词进行全称性述谓是不能成立的，比如"每一个人是每一个动物"；三是如果一个名称用来标记两个事物，而这两个事物又不能结合为一个事物，则这样的命题就不是单一的，如"外表"可以表示人和马，因此，"外表是白的"就不是一个单一的肯定，它或者是说"马和人都是白的"，或者是说"马是白的"和"人是白的"，但是不能说外表是白的。一个名称，如果标记两个事物的话，这两个事物又不能结合为一个事物，那么这样的命题至少不是单一命题。

我们根据《解释篇》中关于名词、动词、句子以及判断为大家做了讨论和简单铺垫，下面我们来讨论现代逻辑的语言分析。

二　现代逻辑的语言分析

弗雷格是现代逻辑的奠基人和主要代表，我们在此不便完整地表述他的逻辑思想，根据论题需要，主要介绍他的"句子图式"理论。亚里士多德的逻辑主要是自然语言，中世纪西方的科学发展起来以后，科学理论与神学的争论越来越多，人们试图把语言统一起来进行交流，最早做这方面尝试的是逻辑学家、数学家莱布尼茨，他和牛顿两个人同时创造了数学中的微积分理论，而且莱布尼茨论文发表还要比牛顿早几年，但是他们都是独立发现。莱布尼茨是德国人，牛顿是英国人，他们基本是同时代人，那个时候交往不是特别方便，牛顿用数学构造了物理学，物理学在其发展过程中支配了人类将近 300 年的时间。莱布尼茨用数学构造了"二进位制"，即我们今天使用的计算机语言，这就是他要统一人类语言的一个设想，他不仅借助于数学上的符号构造了二进位制语言，而且最早开始试制计算机。随着数学家的不断努力，弗雷格和罗素时代，现代逻辑产生，实际上就是数理逻辑。数理逻辑是完全用数学符号来表达的一组逻辑语言，这种语言不再是自然语言，而是变成人工化的符号语言，这样我们就可以消除每一个词的歧义。伦理学上有一种理论叫作元伦理学，也叫作语言伦理学，比如："什么是德性，什么是人格，什么是人品？"你有你的理解，我有我的理解，中文有中文的理解，英文有英文的理解，德文有德文的理解。既然每一种语言每一个人即使使用同一种语言的每一个不同的个体，我们对一个道德概念的理解都会产生很多歧义，可否用同样的一种语言来理解，从"语言学"上先确定词义？数理逻辑或者现代逻辑在本质上和亚里士多德的逻辑学没有本质区别，只不过是改换了一套符号系统，同时也增加了一些内容。比如：古希腊亚里士多德逻辑学中有三大定律，同一律、矛盾律、排中律，莱布尼茨就提出了新的逻辑规律——"充足理由律"。

实质上，相对于传统逻辑，现代逻辑更多的具有"时间"概念，只不过从传统逻辑到现代逻辑，我们用来表达逻辑思想的符号系统发生了变化，使数理逻辑或者现代逻辑在对词语分析时不再像亚里士多德那样完全是用自然语言进行描述，而开始用符号语言更加精确形容和描述，尽可能消除人们在理解上的歧义。传统逻辑和现代逻辑不是两种不同的逻辑，正如初中数学和高中数学，不是两种不同的数学，而是数学发展的不同阶段。现代逻辑更多强调词的含义以及词语构成判断和命题之后的含义，哪些为真，哪些为假，以及如何推理等。亚里士多德的逻辑学核心是"概念""判断"和"推理"，现代逻辑仍然在处理这些问题。后来，康德首先提出先验逻辑。如果把传统逻辑和现代逻辑称为一种逻辑，和它不同的是先验逻辑。先验逻辑和传统逻辑到底有什么不同？康德认为任何一个判断都由两个要素构成的，即"先天形式"和"后天质料"。康德是从知性能力中推导出来"十二范畴"，说明人类知识的最终根据，所以康德才把自己的哲学或者逻辑学称为先验逻辑。康德认为现代逻辑的核心不在于判断形式和推理形式，而在于要通过"范畴"确证人类知识的先验根据。传统逻辑和现代逻辑及数理逻辑都不关注知识的工具问题，在这个意义上，无论是传统逻辑还是现代的数理逻辑，都只停留在古希腊意义的工具论的概念上。用胡塞尔的话来讲，就是"思维的工艺学"。胡塞尔在《逻辑研究》第一卷里要把心理学和逻辑学区分开来，在区分的过程中又把形式逻辑和先验逻辑区分开来：形式逻辑就是我们思维的工艺；先验逻辑作为认识论，为我们的知识奠定先验的一般法则和先验基础。胡塞尔同意康德的先验逻辑的概念和提法，但是认为康德的先验逻辑不完善，因为他只分析了判断的"形式"方面，而忽视了"质料"方面。康德的理论更多关心的是"先验形式是如何把经验的现象做成判断的"，但是经验的现象作为"质料"是怎么来的，我们是怎么获得这些感性经验的，却在康德的关注之外。因此在胡塞尔的理论中，他就把"本体论"区分为"形式本体论"和"质料本体论"。他认为：先验逻辑是由"形式本体论"和"质料本体论"构成的，康德的先验逻辑至多只涉及"形式本体论"，也就是做成判断的形式方面，形式要统摄判断的质料是如何发生的，并没有进入康德的研究范畴或者说他对这方面的研究还不够深入。胡塞尔花了很多的时间来研究"质料本体论"问题，即我们认识的对象的构成（构造）问题，他在中期阶段的"三大观念"中提出的意识结构是意识活动和意向相关项：观念一是讨论先验主体性和先验我思；观念二是对象的构成理论，即意象相关项（对象）是怎么被我们构造出来的；观念三是现象学与科学基础，这样构造出来的哲学是怎么为科学奠定基础的。他在《形式逻辑和先验逻辑》一书中，对"形式逻辑和先验逻辑"做了明确的区分；在《经验与判断》一书中，进一步把"S 是 P"称作"谓词判断"，"S 是 P"中的"P"，即所判定的对象的质料是如何发生的？所以它的第二部分就叫"前谓词经验",就是思考我们用来做判断的谓词是如何在经验中发生的,称作"前谓词经验",在我们把它做成判断,在形成这样的观念和概念之前,其是如何在经验中被我们获得的。当然,胡塞尔哲学的这些内容还需要很多的理论来支撑,包括"内时间意识结构"。内时间中谈到"原印象"——对象给予我的时候,我在时态中的现在、此时此刻所获得的对象、接受到的对象经验叫"原印象"(原初经验)。

现代逻辑实际上分析的是语言,亚里士多德创立了逻辑学的雏形,现代逻辑更多是用精细化的数学符号对语言进行分析,许多人都认为弗雷格创立的哲学是语言哲学,也叫作分析哲学。实际上语言哲学和分析哲学是两个名称,指称的同一个对象,即对语言的分析哲学——"语言哲学"。弗雷格创立的哲学主要是对语言进行分析,胡塞尔创立的现象学主要是对意识结构进行分析,而语言和语言的表达仅仅是意识行为理论比较高的层次,有了客体化行为才有了语言和语言的表达,以及判断和含义的问题。如果说弗雷格的语言哲学和分析哲学还固守在逻辑学的语言分析和逻辑分析,那么胡塞尔则大大拓宽了哲学研究的范围,因为语言及其表达只不过是我们意识活动的一小部分,它是要通过感知和想象构成直观行为,直观、符号和图像一起构成表象行为,表象和判断才共同构成客体化行为。

弗雷格的分析哲学就局限在客体化行为中的语言和判断,对我们使用判断中的语言进行逻辑分析,而现象学既向前延伸到了"感知",也向上延伸到"非客体化行为",包括爱与恨等情感现象。现代逻辑学家认为哲学的主要任务是对语言进行逻辑分析。句子是语言表达的基本单位,句子都有结构,探讨句子应该从句子的结构出发，对语言进行逻辑分析，范围很广；在对语言构成的命题和判断的逻辑分析中，它的含义也是非常多的，但我们在这里主要是对句子结构做讨论。句子由语词组合而成，如"人跳"这个句子是由"人"和"跳"这两个语词组成的，"马跑"这个句子是由"马"和"跑"这两个语词组成的，最简单的句子必须由"名词＋动词"组合而成，"人马"（名词＋名词）和"跑跳"（动词＋动词）就不能组成句子，这表明语词的组合不是随意的，而要符合人们使用语言的规则。

胡塞尔作为一个天才的数学家，主要研究人的头脑中"数"的概念的起源问题。一切我们使用的概念词都是观念，所有的这些观念都可以归结为"数"的概念。如果能把"数"的观念搞清楚，抽象的概念的起源问题就清楚了。实际上，胡塞尔这个时代的思想家们，共同关心的就是人类的观念是如何起源的，人类是如何具有抽象概念和抽象观念。

英国的弗雷格研究专家达米特说过一段话：胡塞尔和弗雷格都是德国人，他们一个创立了分析哲学，一个创立了现象学，就好像莱茵河和多瑙河都发源于德国，随后这两条河流相互平行流动，都是阿尔卑斯山雪水融化以后形成的，但是这两条河又是平行的，没有交叉，结果现象学留在了德国，留在欧洲大陆，弗雷格的语言哲学最后却在英美世界流行，所以我们现在叫欧洲大陆现象学和英美分析哲学。英美分析哲学是在英美国家发展起来的，但它的源头仍然是在德国。

胡塞尔的博士学位论文就是研究关于数的观念起源问题，博士学位论文答辩通过并出版后，弗雷格写信批评他，给他画了一个图，我们把这个图叫作"句子图示"。

[弗雷格句子图式]①

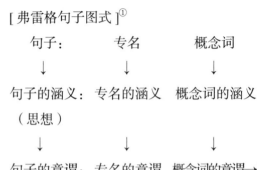

在弗雷格看来，这个图式表明：一个句子是由专名和概念词构成的，每个句子都有"涵义"和"意谓"。句子的涵义表达的是由句子中的专名和概念词所表达出来的思想，句子的意谓表达的是句子的真值。

王路老师把弗雷格图式改造为句子图式 0：

（语言）句子：句子部分　　　　　　/ 句子部分

（涵义）思想：思想部分　　　　　　/ 思想部分

（意谓）真值：与真值相关的部分　　/ 与真值相关的
　　　　　　　　　　　　　　　　　　部分 ②

在王路老师的著作《语言与世界》中，他在弗雷格句子图式的基础上推演出十几种句子图示。句子由部分构成，句子所

① Frege, G: *Nachgelassene Schrifen und Wissenschaftlicher Briefwechsel*, Felix Meiner Verlag Hamburg, 1976, s. 96. 转引自王路《语言与世界》，北京大学出版社，2016，第 17 页。

② 王路：《语言与世界》，北京大学出版社，2016，第 18 页。

表达的东西也就有构成部分，分别是"与思想相关的东西"和"与真值相关的东西"，与思想相关的东西弗雷格称之为"思想的一部分"（思想部分）。在"句子图式0"中有一条"/"，它是一个句法符号，表示句子组合，将"专名"和"概念词"带入"句子部分"就构成一个句子或命题，随着专名和概念词的变化，思想部分和真值部分也会发生相应的变化。另外，"/"可以用来表达不同的句子组合，并且，"句子图式0"可以构造出不同的句子图式。①

（语言）句子：句子部分　　　　// 句子部分
/ 句子部分

（涵义）思想：思想部分　　　　// 思想部分
/ 思想部分

（意谓）真值：与真值相关的部分 // 与真值相关的部分 / 子句的思想

这里，"句子部分"与"//"和"/"可以组合成一个句子；并且"//"与"/"也可以组成句子，"/"作为"//"的一个组成部分也可以是一个句子，从而表现出句子层次以及相应的涵义和意谓层次区别。如果把"/"换成"，"，如，（语言）句子：句子部分 // 句子部分，句子部分，则表明两个句子部分之间的并列关系。例如，刘备知道诸葛亮是栋梁之才：

① 王路：《语言与世界》，北京大学出版社，2016，第20~22页。

（语言）句子：知道 // 刘备，诸葛亮是栋梁之材
（涵义）思想：思想部分 // 思想部分，思想部分
（意谓）真值：认知 // 与真值相关的部分，子句的思想

　　弗雷格的"句子图式"涉及语言与语言所表达的对象的关系，句子的涵义与意谓，句子不同部分的意谓以及句子的真假等问题，比较而言，弗雷格的现代逻辑较好地解决了亚里士多德逻辑中的存在的"意义""部分""真和假""简单和复合"等不清晰的问题。

　　实际上，弗雷格的逻辑和亚里士多德逻辑研究的对象都是一样的，只不过对这些对象的阐述，亚里士多德的逻辑用自然语言表达得不清晰，弗雷格的现代语言用数学符号表达得更加清晰和准确。下面以"专名"为例，我们来讨论一下弗雷格思想中涵义和意谓的关系。如"康德是哲学家"，句子结构是专名加谓词，名词加概念词。名词是"康德"，概念词是"哲学家"，从弗雷格的句子图式可知，最简单的句子是由名词和一个概念词组成的，"康德"是专有名词，"是哲学家"中的"是"是谓词，是对句子中名词的表述和说明，"是"在语法学中是联系主语和表语的系词。但在逻辑句法中，句子结构也叫句法，把它和"哲学家"放在一起即"是哲学家"。在语法学上，我们通常称主谓宾或主系表，但是在逻辑学上就把它做了另外一种处理，"康德"是主词，语法学上叫主语的，逻辑学上叫主词。在逻辑学上把"是"和"哲学家"放在一起处理，叫谓词，所以是谓词思维，在语法学上，"哲学家"是宾语，在逻辑学上，"是哲学家"叫谓词。

　　在逻辑学中，最简单的语句结构只有主词和谓词两个部分，

其中谓词是由语法学中的联系动词和宾语或者表语构成，每一个句子都有涵义，就是句子的思想，名词和谓词也各有自己的涵义，他们都是句子的思想部分，因此句子的含义是由名词涵义和谓词涵义共同构成的，我们要理解一个句子的涵义，就要分别理解其名词的涵义和谓词的涵义，那么"专名"有没有涵义？按照亚里士多德的说法，名词是指由于约定而拥有某种意义的语音，名词是通过约定而有涵义的，这个解释更多的是语言学而非逻辑学的。

名词和谓词的涵义就在于它们意谓或指称的对象或概念，"康德是哲学家"与"康德是《纯粹理性批判》的作者"这两个不同的谓词联结而成的句子，其涵义是有差异的，或者说，从意谓的层面看，"康德是哲学家"和"康德是《纯粹理性批判》的作者"这两个谓词联结的对象虽然都是康德，但从涵义的层面看，作为名词的"康德"的涵义是有差别的。由此可见，区别"涵义"和"意谓"对理解句子是至关重要的，弗雷格指出："现在我们探讨一个完整的直陈句的涵义和意谓。这样一个句子包含着一个思想，应该把这个思想看作它的涵义还是看作它的意谓？"例如，"晨星是一个被太阳照亮的物体"，我们把句子中一个词（晨星）代之以另一个词（昏星），"昏星是一个被太阳照亮的物体"，这两个句子中意谓相同，但涵义不同。弗雷格得出结论："涵义是句子的思想，称谓指向的是句子的对象，因此，思想不能是句子的意谓。"[1] 在《对涵义和意谓的解释》一文

---

[1] 弗雷格：《弗雷格哲学论著选辑》，王路译，商务印书馆，2006，第101~102页。

中，弗雷格专门讨论了句子的意谓中"对象"和"概念"的区别："对象和概念是根本不同的，不能相互替代。"①

　　弗雷格创立的语言哲学认为哲学的根本任务是对语言（Sprache）进行逻辑分析，胡塞尔创立的现象学则认为哲学的根本任务之一是对意识（Bewußtsein）以及我们赖以意识对象的全部"意识样式"（Bewußtseinsmodi）进行透彻的分析，语言的含义分析只是现象学哲学的一个必要的组成部分，只有奠基于表象行为基础之上的客体化行为中的判断行为才涉及语言表达与涵义的问题。传统和现代逻辑的语言分析为我们理解现象学的纯粹涵义理论提供了一个比较好的参照，以上我们就是对以亚里士多德和弗雷格为代表的传统和现代逻辑思想做一个大致的概述。

　　接下来，我们来看胡塞尔如何解决这些问题，为了讨论问题的方便，我们首先需要确定 Sinn、Bedeutung 两个重要术语的译名。实际上，对于一个词的翻译，不同的语言或者不同的学术背景肯定有理解的差异，就是同一个词，在同一种语言中也会有所不同。在弗雷格著作的汉译中，王路把 Sinn 译作"意义""涵义"，Bedeutung 被译作"意谓"；② 而在胡塞尔著作的汉译中，倪梁康把 Sinn 译作"意义"，把 Bedeutung 译作"含义"，把 Bedeuten（Bedeuten 动名词）译为"意指"，把 Inhalt 译作

---

① 弗雷格：《弗雷格哲学论著选辑》，王路译，商务印书馆，2006，第122页。
② 王路在《弗雷格哲学论著选辑》译者序中说：Sinn 英文一般有两种译法，即 meaning 和 sense，国内有人译为"涵义"；Bedeutung 英文也有两种译法，即 reference 和 denoting，也有人译为 meaning，国内则有人译为"指称"或"所指"。这几个德文词和英文词的意思差别是很细微的。"根据弗雷格的思想，我把'Sinn'译为'意义'。……我把'Bedeutung'译为'意谓'。"（王路：《弗雷格哲学论著选辑》，商务印书馆，2006，第37页）在"再版译者序"中，为了和国内已有的译名统一，王路又"把'意义'（Sinn）改为'涵义'。"（第18页）

"内容"，^① 李幼蒸在胡塞尔著作的汉译中也把 Bedeutung 译作"意义"。^② 我们在此不讨论这些术语的翻译问题，只是需要明确，Sinn 在弗雷格哲学中被译作"意义""涵义"，在胡塞尔哲学中被译作"意义"；Bedeutung 在弗雷格哲学中被译作"意谓"，在胡塞尔哲学被译作"含义"，它的动词和动名词被译作"意指"。所以，下文中讨论胡塞尔现象学的含义学说所涉及的"含义"一词，都采用倪梁康的译名，对应的德语词是 Bedeutung，而不是 Sinn 或 Inhalt。

---

① 参阅倪梁康《胡塞尔现象学概念通释》Sinn、Bedeutung、bedeuten（Bedeuten）、Inhalt 等词条，生活·读书·新知三联书店，1999。
② 参阅胡塞尔《纯粹现象学通论》，李幼蒸译，中国人民大学出版社，2014，第 239 页。

🖉 问答部分

— 提问者 1：弗雷格的这种对语言的逻辑分析在英国流行，一个重要的原因就是它可以用来处理一些问题，一个有意义的陈述指向指称对象，是对意谓对象的一种谓述，如果做了"谓述"，它肯定是存在的，那么不存在的事物如何被"谓述"？不存在的事物究竟在什么意义上可以被"谓述"，罗素可以通过"摹状词理论"解决这个问题。我相信胡塞尔肯定是讨论过"存在"了，他到底有没有讨论过那些"不存在的事物"？我们又该如何理解？

— 李朝东：这是一个非常好的问题，是关于现象学或者胡塞尔如何处理"不存在事物的言说或者指称问题"。我刚刚完成一篇论文，关于"判断与奠基性表象之间的关系研究"。胡塞尔认为我们在感知对象的时候，我们意识中会形成一个感知，每一个感知都会有一个想象和它相对应，想象奠基于感知基础之上。在胡塞尔现象学里有两个概念叫"设定行为和不设定行为"。所谓设定行为就是对它的存在或者不存在有信念，比如"我在地面上散步"，这是一个设定行为，我对它是肯定的，有信念的，或者"我不会在月球上散步"，这也是设定行为。还有不设定行为：不管是我感知的，还是我想象的，我不表态。我可以想象，但是我对它的真假不表态。但不管是感知还是表象，想象都构成我们的直观行为，都可以构成表述，只不过要看是设定行为还是不设定行为。胡塞尔是通过这样一套语言技术来处理的。由此可见，任何直观的感知的对象或者想象的对象都可以进入语言，通过陈述把它表达出来，即使是不真实存在的事物，我们也可以用谓词来进行表达。

- **朱海斌**：刚刚讨论的这个问题很有意思，其实可以追溯到迈农悖论，或者可以简要表述为"金山不存在"或"飞马不存在"。后来罗素就搞了一套逻辑分析，我想胡塞尔看到罗素的这套东西也不会反对，但是他也许会认为这套分析并不深刻，因为还得往感知方面去分析。也就是说，逻辑分析是在最上面的，然后往下面可以继续深入思考。

- **提问者2**：分析哲学和现象学从弗雷格和胡塞尔开始分道扬镳后，有些语词的翻译也在扰乱我们，比如：Bedeutung。但是实际上现在有一种合流的迹象，如匹兹堡学派的代表人物塞拉斯，他最有影响的学说是批判基础主义认识论。他也许是第一个合成英美分析哲学元素与德国逻辑实证主义的哲学家。从塞拉斯到麦克道威尔、布兰顿，再到所谓的"后分析哲学"时代，哲学家们也在试图将分析哲学和德国大陆哲学合流。我的问题就是大陆哲学和分析哲学有没有希望合流？

- **李朝东**：胡塞尔和弗雷格都是德国人，他们一个创立了分析哲学，一个创立了现象学，就好像莱茵河和多瑙河都发源于阿尔卑斯山，最后平行而互不交叉。但是，现象学和分析哲学的合流是必然的。因为我们人类的知识结构和对象世界并不是那么泾渭分明的，只不过都是走向知识，是达到知识的两条途径，最终总会合流。这个问题对欧洲一流的哲学家来说不成问题，但是对我们来说可能很困难。因为我们今天的大多数中国人对于胡塞尔的现象学，基本上还处在一个翻译、阅读、理解、消化的阶段，还无暇顾及分析哲学，分析哲学也是一套非常高深的哲学理论，它有它的语言系统，胡塞尔的现象学很艰深，分析哲学的逻辑符号和数学推演也很艰深，它有一套专门的符号，搞不清楚语言，分析就没法进行。

分析哲学和现象学是 20 世纪以来德国人创立的两种哲学，但是分别存在于欧洲大陆和英美世界。我们对这两种哲学思潮都处在消化阶段。分析哲学我只是初步阅读，还没有花太多时间去研究。就现象学研究而言，我们国内现在很少有人真正"精通"现象学。胡塞尔把黑格尔的逻辑学比作形而上学的百万英镑大钞票，他认为应该把黑格尔的百万英镑大钞票兑换成可以使用的小零钱，这就是要用意识分析的方法。他的每一本书都是在展现意识分析的具体的方法和操作技巧。

胡塞尔去世以后，他的好多文本到现在还没有整理出来，除了他生前出版的著作，留下的速写手稿有 5 万多页，被范·布雷达保存在比利时卢汶的胡塞尔档案馆。倪梁康老师现在主持的"胡塞尔全集翻译"共 40 卷，那么最终整理出来会是多少？根据这 5 万页的手稿，我估计不会少于 100 卷。这些我们都还没有读懂，所以现在我们需要心平气静。我经常说中国的思想界太焦虑，太着急，我在武汉大学学习的时候曾经问过邓晓芒老师，胡塞尔的现象学进入中国高等院校的学者的意识大概还需要多少年？他说大概还需要 200 年，我当时很绝望。事实上，康德的《纯粹理性批判》出版于 1781 年，200 多年之后，谁都不敢说自己完全理解了康德的《纯粹理性批判》，对胡塞尔也是一样。

- **朱海斌副教授总结**：从亚里士多德开创的传统逻辑，在20世纪初，被弗雷格所创立的数理逻辑所替代。弗雷格认为，先前的这种传统逻辑会把所有的命题都处理成直言命题，这样就无法讨论关系命题。同时，传统逻辑的"量词"太粗糙，无法精确地用"量词"管辖"约束变项"，因此不能精确进行演算。根本而言，数理逻辑的本质在于谓词演算和命题演算两套计算系统。弗雷格虽然创立了数理逻辑，但是在处理自然语言时，他发现应该区分"Sinn"和"Bedeutung"，即"涵义"和"意义"，或者"涵义"和"意谓"，因为这两者是不一样的。今天李老师的报告，第一部分讲了亚里士多德，讲到亚里士多德关于名词、动词、句子，句子里面又分简单句和复合句、肯定和否定等，这些当然都为后来的现象学中关于含义的解释做了一个很好的哲学史的铺垫。第二部分，它不是一种纵向的，而是一种横向的和弗雷格有一个比较，通过和弗雷格对句子涵义和意谓的一个区分的表达，作为横向的铺垫，我们就直接可以进入胡塞尔关于含义的论述。胡塞尔认为逻辑所研究的应该是作为观念的"含义"。观念的"含义"到底是什么？胡塞尔在他的巨著《逻辑研究》中致力于讲清楚这个问题。他在《逻辑研究》中提到"含义"分为"简单含义"和"复杂含义"，但是二者之间又应该如何区分？这与"简单对象"和"复杂对象"又有何种对应关系？我们期待李老师下一次的精彩报告。

李老师说，今天国内很少有人真正"精通"现象学，这的确令人悲哀，但另一方面，这对我们来说确实大有可为。另外，李老师体现出的这种家国天下的情怀也值得我们学习。做哲学不仅仅是书斋中的一种生活方式，实际上它和我们的世界，跟我们的命运，跟我们的自身身份的认同，都是密切相关的。他每次讲到为科学奠基，我们都能够感受到这种很浓烈的对国家民族的深切关怀。我们的中和论道也是这样，就是一种激发，能够用一个灵魂激发另一个灵魂，能够用一个灵魂中深刻的东西激发另一个灵魂中一些潜在的东西，这可能才是它的重要意义。

第五讲

语词和句子表述及其含义理论（二）

1. 如何理解胡塞尔《逻辑研究》中对"简单含义与复合含义"的区分?

2. 如何理解胡塞尔《逻辑研究》中对"独立含义与不独立含义"的区分?

👤 李朝东教授（主讲人）

各位老师，各位同学晚上好！上一次讲了两个问题，第一个是亚里士多德的逻辑学中关于句子、语词的含义。第二个问题是现代逻辑的语言分析，弗雷格的"句子图式理论"涉及语言与语言所表达之物的关系，区分了句子的涵义与意谓，句子不同部分的意谓以及句子的真假等问题。

我们先做一个简单的回顾：亚里士多德提到的命题就是有意义的语音，名词是有意义的语音，有四个特征：一是约定；二是不涉及时间；三是不定名词和名词的变形不是名词；四是简单名词和复合名词之分，简单名词和复合名词又涉及简单含义和复合含义。动词有两个特征：一是动词附带地表示了时间，二是不定动词不是动词。语句有三个特征，一是由词构成；二是一些语句可以做出陈述，一些不能做出陈述；三是作为陈述的语句都有真和假，句子可以做出陈述，陈述就是命题，句子既然可以展开，比如"月亮"，是一个名词，"月亮是圆的"，是一个陈述，我们也可以把它叫作命题。命题分简单命题和复合命题，复合命题由几个简单命题组合构成，因此主要是分析简单命题，简单命题搞清楚了，我们也就基本上搞清楚了复合命题，这是亚里士多德的观点。在现代逻辑尤其是胡塞尔的先验逻辑，这个问题就显得特别复杂。

简单命题有三个特点：第一，任何一个命题必须要包含一个动词，两个动词不能构成一个命题，两个名词也不能构成一个命题，一个命题或者陈述，至少是由一个名词加一个动词才能构成；第二，如果一个语句揭示的不只是一个事物，就不是一个单一命题；第三，每一个命题都会肯定或者否定某物具有某种内容。命题可以分为肯定命题和否定问题，肯定命题就是肯定某物具有某种属性，否定命题就是否定某物具有某种属性。命题又可分为全称命题和特称命题，全称命题是在逻辑上断定事物的全体，这是"量"的判断，肯定和否定是从"质"上来讨论命题，全称和特称是从"量"上来讨论命题。

现代逻辑的语言分析，主要是弗雷格提出的句子图示，一个句子至少由两个部分构成，即专名和概念词。弗雷格对逻辑学最主要的贡献就是区分了句子的含义和句子的意谓，他的哲学主要分析和研究的是语言。胡塞尔的现象学，研究的是"意识"或"我们赖以意识对象的全部意识样式"，全部意识行为和意识样式之间的奠基关系是感知行为和想象行为构成直观行为，表象和判断共同构成客体化行为。在表象的基础上构成判断以后，人类的语言才形成。弗雷格的分析哲学仅仅涉及胡塞尔现象学中的客体化行为层次，在分析哲学那里，判断得以形成的表象行为和表象得以形成的直观行为虽然也被分析哲学家们认识到，但不是他们研究的重点。对表象行为和直观行为做出最有开拓性和建设性研究的是胡塞尔的现象学，表象行为和判断共同构成客体化行为，客体化行为就是语言，对语言的含义及其表达分析，是现代逻辑研究的重点。在客体化行为基础之上，还有非客体化行为，对此，分析哲学虽然顾及到了，但这同样不是他们分析的重点。这就说明弗雷格的哲学主要是对语言进行逻辑分析，胡塞尔的现象学主要是对意识进行分析，所以胡塞尔的现象学的意识分析在范围的广度和分析的深度上都远超分析哲学。实质上，弗雷格的语言哲学只是研究了现象学的一部分内容，今天我们把后两个问题和大家共同分享。

一　简单含义与复合含义

在胡塞尔现象学中，含义概念首先是意向统一，其次指意指行为。胡塞尔在《逻辑研究》中曾经提到过一个观点：他的整个现象学和逻辑学可以归纳为一句话，即关于含义的学说。以下讨论胡塞尔现象学的含义学说所涉及的"含义"一词，都采用倪梁康老师的译名，对应的德语词是 Bedeutung，而不是 Sinn 或 Inhalt。

第一研究是表达与含义，第二研究是一般和个别。胡塞尔认为不管是一般还是个别，它就是一种含义表达，一般和个别涉及整体和部分。第三研究涉及含义整体和含义部分；第四研究是研究独立含义和不独立含义，简单含义和复杂含义。胡塞尔认为：在其逻辑学研究理论中，第四研究是最重要的，因为第四研究是专门研究含义的，也就是他认为他的整个逻辑学是关于含义的学说，《逻辑研究》第二卷，从第一研究到第六研究都是研究含义的，但是最集中的研究含义学说的是第四研究，这就是我们今天晚上要跟大家讨论的内容。

在胡塞尔的现象学理论中，"含义"在第四研究中有两层含义：意向的统一和意指行为。意指行为又包括符号意指行为和充实行为，含义的意指行为指的是种类的概念和命题。

含义首先是指意向的统一。胡塞尔认为：意识的本质特征就是意向性，意向性是指每一个意识都是关于某物的意识。"意识"一词在德语中有两个概念：Bewussen（空的意识），

Bewußtsein（将对象反映到我们意识中来的意识），胡塞尔分析的显然是 Bewußtsein。意识的本质特征是意向性，意识一旦活动起来，总是指向某物的，总是关于某物的意识，这就是意识的意向性。含义就是这种意向的统一，这又涉及意向活动和意向相关项，这二者统一起来，才构成含义。《纯粹现象学通论》（《大观念》第 1 卷）和《现象学的构成研究》（《大观念》第 2 卷）共同为我们完整揭示了意向活动和意向相关项的构造及其统一。在《现象学和科学基础》（《大观念》第 3 卷）中，胡塞尔的理想是要构造"科学学"，用科学学为一切科学奠定基础。《大观念》的第一卷和第二卷构造了意向活动和意象对象。有了完整的含义统一，第三卷才讨论现象学如何为一切科学奠定基础。我认为现在首先要搞清楚现象学如何为科学奠基，这是当务之急。

其次，含义还指意指行为。第六研究的第一章，题目就叫"意向和含义充实"。当然中间要经过第五研究，第五研究是关于意向体验，第六研究主要研究感知是如何为一切意识行为奠定基础的。而在研究感知之前，胡塞尔首先从含义意向和含义充实开始。

在含义意向和意指行为中，含义总是指向某物，当我们说一个词，"杯子"，这个"杯子"是有含义的，这个含义总是指向某物的含义意指。首先是指向某物，当我们在指向某物时，如何能够让这个含义逐渐充实或者充盈起来。如：当我远远地看到一个人，我的意向活动是指向远远的那个人的意识，走到近处看到，这个人是我弟弟，是一个三十岁的男人，我们的含义就不断得到充实。

意指行为又包括符号意指行为和充实行为，在符号意指行为中，我们可以有感觉的指向，如：我现在用手来拿这个东西时，这是一种感觉的意指。但是，更多的时候人类之所以超出动物，是通过符号来指向对象的，这是我们人类不同于其他动物的特殊的地方。在《逻辑研究》第一研究中，胡塞尔已经区分过指号、信号和符号，对这三个概念做过严格的区分。

意指行为更主要的是通过符号来指向对象，这是我们人类不同于动物最根本的区别之一，人类能够使用语言和文字的符号系统，这一套符号系统在意指对象的时候，我们可以使符号系统让含义逐渐充实起来的。

其次，含义的意指行为意指的是种类的概念和命题，当我们用感觉系统指向对象的时候，它都是个别的，如：我现在手里边拿着这个杯子，这个杯子肯定是个别的，亚里士多德在《形而上学》里讲到，当我们指向个别事物的时候，它具有的特性叫作"此性"，但是当我们用概念和语词符号指称对象时，它就是种类的概念。如：当我们说"这是一个杯子"的时候，加了定冠词，就是一个个别事物；但是当我们把"这""一个"等都抽象掉以后，单独抽象出来名词"杯子"，它指的是种类概念。

"杯子"是种类概念，所以后来亚里士多德逻辑学中没有详细讨论一般概念和普遍概念之间的关系，弗雷格现代逻辑在做语言分析的时候讨论得非常深入。胡塞尔认为既然我们是通过符号来意指对象的，承载含义的符号主要指的是种类概念或者命题。由于含义概念的变化，胡塞尔的简单含义和复合含义既不同于亚里士多德的单一命题和复合命题，也不完全同于弗雷格的简单句子和复合句子及其意谓。弗雷格认为意谓就是专名和名词的对象，胡塞尔认为含义也是名词的对象，但并非所有的对象都有含义，只有如此被规定的对象才有含义。实际上，弗雷格哲学中所讲的"意谓"和胡塞尔现象学中所讲的"含义"，在德语中是同一个词语，只是在汉语中有不同的翻译，我一直认为，现象学和分析哲学将来肯定走在一起，而这个过程首先就是需要将译名统一起来。

在这里，我们可知，弗雷格和胡塞尔关于含义的共同点，"意谓"还是"含义"，都指向对象，只是在弗雷格看来，只要是指向对象，就是意谓，胡塞尔认为指向对象的并不都是意谓，都是含义，只有如此这般，被规定了的对象才是含义。

胡塞尔认为，要想描述表述与含义关系中这些互属的观念统一构造于其中的各种行为，还需要进行艰难且广泛的研究。第四研究以第 1 节"简单的和复合的含义"的划分开始研究，由于我们把表述或话语的语法可以划分为简单与复合的，与此相关，含义也可以划分为简单含义与复合含义。例如在一个表述中：

一个铁一般的男人。

其中，"铁"和"男人"都是表述的部分，它们各自作为"部分"都有自己的含义，并且在一个部分中还可以又有它的部分含义，比如我们对一个部分"男人"进行划分，它又包含"少年男人""中年男人""老年男人"等部分及其含义，但作为部分出现的含义不能无限地继续下去，在划分中必然会遇到一个作为"因素"的"简单含义"。在《逻辑学》中专门会讲到概念的划分，所有的物质世界可以划分为生物界和非生物界，生物中又可以划分动物和植物等，这些划分都是在我们的思维中进行的。胡塞尔认为，我们的划分不能无限地继续下去，划分到一定层次就不能再分了，根据需要，划分到的最低层次，胡塞尔就将之称为"因素"。这个"因素"，我们就把它定义为"简单含义"。所以，简单含义是对一个部分进行划分的"最低差"的含义。"男人"这个种类概念具有它的部分的含义构成的复合含义，"铁"也有它的部分的简单含义构成的复合含义；如果我们对"铁"和"男人"不再进行划分，它们各自作为部分的简单含义又构成整个表述或句子（一个铁一般的男人）的复合含义。

在第四研究中，针对同时代人关于"含义"提出了三个理论观点，胡塞尔就是要对这三个观点进行讨论和回答。

问题 1："含义的简单性和复合性是否只是那些在它们之中以意指的方式'被表象的'对象的复合性或简单性的反映。"①就是说，是否简单含义只意指简单对象、复合含义只意指复合对象？

胡塞尔认为，事实上复合含义也可以意指简单的对象，简单含义也可以意指复合对象，比如在上面的例句中，"男人"可以表述"男人"这个名称的简单含义，也可能表述"某个东西"（Etwas）或"一个东西"（Eins）等这些名称的复合含义。胡塞尔指出，即使一个复合含义所涉及的是一个复合对象，在含义

----

① 胡塞尔：《逻辑研究》第二卷第一分册（Logische Undersuchungen Ⅱ/1），上海译文出版社，1998，第 325 页。

的每一个部分中也不包含对象的一个部分，因为含义与被意指的对象的直接－直观表象并不等同，因为含义（Bedeutung）所意谓的只是语言的、普遍的、概念的对象，而不意谓非语言的、非概念的"直接－直观表象"。含义只意指普遍的概念和对象，比如："杯子"。我们说"杯子"这个词的时候它是有含义的，这个含义指的是我们在语言中通过概念指称的对象，就是直觉的或者直观的表象。凡是我们用语词指称的含义都是概念对象，而不是实物对象，这一点非常重要。不管是简单含义还是复合含义，都是我们通过概念来指向对象的，所以在概念中的含义所指向的对象都是概念对象，因而都是普遍的。

举个例子：在显微镜下观察物质的结构，我们把原子分为原子核和核外电子两个部分，我们在物理的实验设备下可以观察到的都是呈现给我们的直接的和直观的表象，用现象学的术语，它们都具有"当下性"和"体现性"。但是当物理学家离开实验设备，开始思考物质的结构形态的时候，他脑中的原子和核外电子是以概念的方式出现的，已经变成抽象概念了，即物理学的研究开始于观察，终结于抽象思考与抽象思维。

从古希腊以来的西方文化塑造了西方人思考对象的思维方式，用数学来描述万有引力定理，只不过是一种语言，关键是他们已经从直观的观察所获得的表象，进入通过抽象的概念去思考对象，只有如此，才能够脱离或者超出人的肉体所处的时间和空间的限制，用非常严谨的数学语言建立起万有引力定理。

胡塞尔认为：简单含义可以指复合对象，复合含义也可以指简单对象。这是胡塞尔对那个时代的问题的一个回答。

问题 2："一个现有的含义是否必须被看作或是复合的含

义，或是简单的含义。"① 在我们已经规定的意义上，"含义就是对象以及对对象的理解"，专名的含义就是专名指称的对象，那么，"问题 2"就是"专名是指称复合对象还是简单对象"？或者说，一个专有名称的含义（专有含义）能否只理解为简单含义？

如"舒尔茨"，这个专名，它的含义只指称我们认识的一个确定的人（简单对象），还是同时也指称被归属于这个被意指的人的部分含义，即："我们在从对象方向上分析'舒尔茨'表象的内容的过程中逐步以'一个是 α、β、γ…的 A'的形式组合起来的那个复合含义？"② 胡塞尔指出，简单性和复合性具有双重意义，即在一个意义上的简单性并不排斥另一个意义上的复合性。

专有名词的含义无疑是简单的，因此不能将专名含义理解为一个被划分为各个含义并以此方式复合的含义，就是说，我们不能把"舒尔茨"划分为不同的部分，在此意义上它只被看作简单含义而不能看作复合含义；但是，如果我们把"舒尔茨"这个专名或含义对象加上他是作为什么、作为何种确定之物来考察时（即加上谓词），如"舒尔茨是数学家"，在这个表述中，"舒尔茨"是专名，"是数学家"是谓词。如果我们仅说"舒尔茨"，它的含义就是简单的，"专有名称 E 可以说是在一个射束中（in einem Strahl）指称对象，这个射束自身是单一的，因而

① 胡塞尔:《逻辑研究》第二卷第一分册（Logische Undersuchungen Ⅱ/1），上海译文出版社，1998，第 326 页。
② 胡塞尔:《逻辑研究》第二卷第一分册（Logische Undersuchungen Ⅱ/1），上海译文出版社，1998，第 327 页。

在同一对象方面不需要被区分"；但如果说"舒尔茨是数学家"，对舒尔茨的理解就不简单的是我们认识的一个人，而且要加上谓词理解，即舒尔茨是我们认识的一个作为数学家的人。所以，在现象学中，含义（Bedeutung）不仅是对象，也是对象的理解。当我们用"是数学家"这个谓词去理解舒尔茨时，"舒尔茨"就是一个解释性含义，"解释性含义，如 'E 是 a'；'〈Ea〉是 b'，'Eb 是 a' 以及如此等等，它们是多（射）束的，至少是在许多阶段上并且以各种形式构造起来的，以至于它们可以带着不同的内容朝向同一个对象"。[①]

为了说明"（射）束"问题，我给大家做一个解释，如"这块黑色的石头是坚硬的"。这是一个复合判断，我们把这个判断分解为三个判断。第一个判断："这是一块石头。"第二个判断："这是一块黑色的石头。"第三个判断："这块黑色的石头是坚硬的。"当我们把一个判断分解成三个简单判断的时候，每一个判断中，我们的意识的目光指向的对象都不同，这就说明我们的意识的目光和射线不是单一而是复合的。由此可以解释，为什么在一个词或者一个句子的理解上会出现很多的歧义和争论，就是因为我们指向句子的词语和句子的时候，意识的射线是多样的，对象呈现给我们的含义或者含义本身就是对象，我们对这个对象所具有的含义的理解都是多样的。

从康德到胡塞尔都告诉我们对象是如何被人类的主体建构起来的，这是第一个问题。第二个问题是我们认识的对象含义

---

① 胡塞尔：《逻辑研究》第二卷第一分册（Logische Untersuchungen Ⅱ/1），上海译文出版社，1998，第 329 页。

究竟是什么？"对象及其含义问题"在我们的传统中国哲学中没有被讨论到，在我们开始接触西方后将近一百多年的时间里，也没有被认真讨论过，我们经常讲认识对象，认识对象就是要认识它的含义，这个含义究竟是什么？还没有进入我们的中国学者在哲学层面上的思考领域。

问题3：含义总是作为被划分的"语词复合体的含义"而给予我们，那么，"是否复合体的每一个语词都应当具有一个专门的含义，并且是否应当将语言表述的所有划分和形式都看作是对含义的一个相应划分或含义的一个相应形式的特殊标记"①。

这个问题是针对19世纪与弗雷格同时代的著名逻辑学家鲍尔查诺和心理主义者马尔梯的观点展开讨论的。按照胡塞尔的引述，在鲍尔查诺看来，"语言中的每一个语词"都被用来"标识一个专门的表象"，"有些语词也"被用来"标识完整的定律"。就是说，他赋予每个连词和介词以专门的含义。马尔梯则认为，"单纯共同意指性的"（bloßmitbedeutend）词语和表述（如"父亲的""为了""不更少"等）"自为地"不具有任何含义，他用"自义符号"（自义名称）来标识这些语词。这些自义名称只有与其它语词和表述联系时才获得含义，即"合义符号"（合义名称）或"共同意指的"。

父亲的；为了；不更少。　　　　　自义名称。

伦理学的创立者；一个侮辱了父亲的儿子。　合义的或共同意

---

① 胡塞尔：《逻辑研究》第二卷第一分册（Logische Undersuchungen Ⅱ/1），上海译文出版社，1998，第330页。

指的名称。

这些合义名称（合义词语、合义表述）或者作为一个名称的部分唤起一个概念，或者有利于一个判断（陈述）的表述，或者有利于对一个情感或意志（祈求句、命令式等）的传诉。

胡塞尔认为，鲍尔查诺和马尔梯对"合义表述"概念的理解过于宽泛，延伸到心理体验所具有的自为含义或完整的表述上了。胡塞尔认为，由于语言的偶然性，我们常使用许多词来表述一个表象，因此自义之物与合义之物的区别是一个语法区别，是一个感性可区分的标志。"我们必须区分自义的与合义的表述，而且也必须区分自义的与合义的含义；但我们谈论独立的与不独立的含义更具有标识性。"① 这里，胡塞尔用"独立的与不独立的含义"来取代"自义的和合义的含义"进行讨论，自义含义就是独立的含义，合义含义就是不独立的含义。下面我们就通过对独立含义与不独立含义的现象学区分来进一步澄清这些问题。

二 独立含义与不独立含义

胡塞尔在《逻辑研究》第一研究"表述与含义"中就已经指出：只有有含义的符号才是表述，只有由表述复合成的符号才可以称作复合的表述。如此，一个由多个元音和辅音构成的"词"（如 der König，国王）不能看作复合表述，但是，我们

---

① 胡塞尔：《逻辑研究》第二卷第一分册（Logische Undersuchungen II /1），上海译文出版社，1998，第 333 页。

可以将多词的表述看作复合表述（Der König herrscht Über sein Land。国王统治着他的国家）。一个概念词的功能就在于表述某物，但一个词的含义并不一定就是独立的含义。一个不独立含义只能作为独立含义的因素而存在，在第三研究整体和部分中，只有作为整体的部分才能存在。黑格尔说过：手是有含义的，人的手离开人的机体就不再是手，因为他不再能够发挥手的功能了。哲学是在概念中分析对象，黑格尔显然是从概念上来分析对象，揭示万物之理。同样，不独立含义的语言表述也只能作为独立含义的表述组成部分起作用，因而它们成为语言上"不独立的"表述或"不完整的"表述。胡塞尔把不完备的、不独立的、需要补充的话语区分为三种情况：合义的表述、不完备的表述、异常简略的和欠缺的表述。其中"不完备的表述"、"异常简略的和欠缺的表述"都与独立含义和不独立含义的划分及简单含义和复合含义的划分有关。

"合义的表述"。胡塞尔把"合义的表述"区分为合义词语和语词块片：①合义词语，如"但是"（小品词）"和""与"（关系词）"父亲的"（dem Vaters 名词第二格）等，它们是有含义的；②语词块片，如"bi"，我们就不能说它是有含义的。但是，即使"合义词语"有含义，它的含义也是不独立的，合义词语和语词块片二者都需要补充。不过，这两种"需补性"（ErgänzungsbedÜrftigkeit）是完全不同的：在合义词语那里，它所涉及的不仅仅是表述，还有思想；在语词块片那里，它所涉及的只是表述，或者说，语词块片只有经过补充才能成为一个表述，进而成为一个思想。

我们以"dem Vaters"和"bi"为例来进行讨论。

（1）der Vater—dem Vaters—Der Wagen meines Vaters—Der Wagen ist mein Vaters

der Vater（父亲）在德文词中是阳性名词，它的第二格 dem Vaters（父亲的）是所属格，如 Der Wagen meines Vaters（我父亲的汽车），但这只是一个短语，而不是一个句子，它只有加上谓语动词"ist"才能成为一个完整的句子，如 Der Wagen ist mein Vaters（这是我父亲的汽车，或这个汽车是我父亲的）。这就是说，dem Vaters（父亲的）有含义但不独立，只有补充成"Der Wagen meines Vaters"（短语）或"Der Wagen ist mein Vaters"才能成为完整的表述并且具有完整的含义，才是有思想的表述，就是说，协助构造一个表述的合义语词并不是完全没有含义的，只有经过补充，成为一个完整表述，才真实地具有一个含义。

（2）bi—billig（便宜的）、bissig（尖刻的）、Birne（梨）、Gebilde（构成物）……

语词快片 bi 本身没有含义，它需要补充 -llig、-ssig、-rne、Ge-lde 等才能成为一个词语，成为一个词语才有表述的可能，才能有含义。并且，补充的质料是不确定的，补充的质料不同，含义就会变化，如补充 -ssig，bissig 的含义就是"尖刻的"，如补充 -rne，Birne 的含义就是"梨"，从这些补充后语词的含义的杂多性中也不会发现归给 bi 的共同含义。所以，作为语词快片存在的符号是没有含义的。

"不完备的表述"。比如，"比一间房子更大""生活的忧虑"等就是不完备的表述。①它们有不同的组成部分，并且每个部分都有含义，可以看作复合含义；②但是，每个部分的含义又不是独立，是不独立含义；③由许多不同部分的不独立含义又交织成一个相对完备的统一，因而具有一个统一的含义，这个统一作为整体却只有不独立含义的特征。像"比一间房子更大"之所以是一个表述，是因为它包含着一个含义；它是一个复合表述，是因为它以划分的方式表述一个复合含义；它的含义虽然具有"统一性"，但这个含义只能在与一个更广泛的含义的联系中才能存在，它的语言表述指明了一个更广泛的语言联系，因而它还需要得到"完整化"，即把"比一间房子更大"补充为一个独立、完备的话语，如"这间房子比另一间房子更大"或"这辆汽车比一间房子更大"，等等。

"异常简略的、欠缺的表述。"如："先生""尊敬""如～之恒，如～之升"等，前两者属于异常简略的表述，后者是欠缺的表述。就简略表示如"先生"来看，这里的"先生"可以是一个自义的表述，也可能是一个不完整的表述，它可能在语言联系的连续性中缺乏一些句法环节，我们可以补充为"胡适先生"，或"胡适先生是著名的哲学家"；就欠缺表述如"如～之恒，如～之升"来看，假设《小雅·天保》中的这首诗刚发现时欠缺了中间"～"字（许多古籍和碑文常有残缺的文字而成为残篇），使这两句成为不完备的话语，因而这个残篇即使有部分独立或不独立含义，也只是无联系的并列，它们可能属于某个统一的含义，但由于残缺而不具有统一的含义，因此也不构成表述。如果补充上"月"和"日"，变成"如月之恒，如日之升"，它就具有完整的、统一的含义，并构成一个完整统一的表述。这表明一个简略的表述可能是自义的，一个含义的表述可以是欠缺的。

我们从第四研究往回追溯，什么是一般和个别，什么是整

体和部分？实际上，一般和个别，整体和部分就是胡塞尔所说
的含义统一。我们在自己的各自专业领域里追求知识，就是要
追求我们所研究的知识领域中的含义统一。高等教育的核心就
是要让学生要建构起本学科领域的整体知识。如果知识没有串
起来，没有构造起来，就没有构成含义的统一。高等教育的各
门课程，就是要求老师在教学的过程中，培养我们的学生在本
学科知识中构造起含义的统一。

合义的表述、不完备的表述、异常简略的和欠缺的表述都
需要以某种方式补充，"就此而言，人们也将它称作不独立的表
述"。因此，不独立表述也就有合义表述的不独立、不完备表述
的不独立、异常简略和欠缺表述的不独立。

胡塞尔回答的是同时代学者们提出的问题，但是他并不认
为同时代学者的观点是错误的，只是把对这些问题的分析进一
步引向深入。表述可以区分为自义表述和合义表述，这个区分
是现象学表述分析的出发点。表述的语法区分是与含义区分相
符合的，虽然表述的区分是分析的出发点，但含义领域的区分
是更原初的区分，表述的区分只有通过含义区分才能得到真正
的论证。如果含义区分为简单含义与复合含义，那么，复合含
义又必然回归含义部分，回归句法部分，也就又回归表述上了。

胡塞尔在《逻辑研究》第一和第二研究中，将含义定义为
"观念的统一"，在第三研究中他讨论了观念整体与观念部分的
问题，第四研究作为前三个研究的继续和深入，胡塞尔在对独
立含义和不独立含义的整个分析过程中，最后得出的结论，就
是从内容概念入手，提出了一个不独立性的规律。胡塞尔认为，
不独立内容就是那些不能自为地，而只能作为一个更广泛整体

的部分而存在的内容，这种"不—能"的先天规律是在有关内容的本质先天之中。每一个不独立性都包含着一个规律，根据这个规律，相关种类的内容，譬如说 α 这一类，只能在与整体 G（α β…μ）的联系中存在，β…μ 在这里是特定内容的符号。在规律中包含着联系本性的确定性；不独立的与独立的变项具有其通过固定的种、属特征所划定的领域。当然，从本质规律上来说，连同种类一起被规定的还有这个联系的属形式。[①] 这是胡塞尔最后研究得出的规律。

胡塞尔强调："我们在这里所感兴趣的只是含义，我们将含义理解为观念统一。但不言而喻，我们的区分从实在领域引申到观念领域。"含义是观念统一，从含义规律出发，含义可以进一步区分为"含义整体与含义部分"，这是一个观念领域的区分，只有含义整体和含义部分的区分才能使表述的语法区分得到最终的澄清。

每一个具体的意识行为都可以包含许多部分行为，这些部分行为能够或是作为独立部分，或是作为不独立部分寓居于整体之中。这样，在整体中就包含着一个整体含义，而在每一个部分行为中就包含着一个部分含义；一个含义部分本身又是一个含义。据此，"如果一个含义能够构成一个具体意指行为的全部充分含义，我们就将它称作独立的，如果不是这种情况，我们就将它称作不独立的"[②]。这是胡塞尔给"独立含

---

① 胡塞尔：《逻辑研究》第二卷第一分册（Logische Undersuchungen Ⅱ/1），上海译文出版社，1998，第 338 页。

② 胡塞尔：《逻辑研究》第二卷第一分册（Logische Undersuchungen Ⅱ/1），上海译文出版社，1998，第 338~339 页。

义"和"不独立含义"下的定义，不独立含义只能在通过某些"补充"并与整体的联系中存在，由此也就规定了"合义"（Synkategorematika）的本质。

如何理解从连接中被分离出来的合义？以汉语为例，"刘备与孙权争夺荆州"，在这个表述中，"刘备""孙权""荆州"等都是自义名称，"与……争夺……"是谓词（逻辑学上的谓词＝语法学上的系词＋宾语），如果把"与"从整个语句或自义名称中分离出来，这个"与"还有含义吗？

胡塞尔认为这是个假问题："根据我们的观点，自义完备的话语（逻各斯 λόγος）的不独立因素是不可分解的。因此，专名能将这些因素放到所有连接之外进行考察？"他从"单纯意指的含义"和"充实的含义"区别的角度对这个问题进行了考察。

首先，被分离的合义如"相同""相连""与""或"等，如果不是在一个广泛的整体联系中就不能获得直观的理解，也不能获得含义充实。

其次，任何一个合义的含义，即任何一个不独立的含义意向行为，如果不与一个自义的含义相联系，就不可能具有认识作用。被分离出来的、单个的小品词如"与""或"，由于不与自义名称相联系，它就只是一个空泛的声响；被分离出来的合义，要么不具有与它在自义联系中所具有之含义相同一的含义，或者具有同一个含义，但必须经过含义补充。只有含义意向和含义充实具有一致性，我们才能确定合义名称在整体联系中的作用。

实际上，胡塞尔逻辑研究的第四研究有三大任务，第一是建立纯粹含义学说，第二是建立纯粹语法学说，第三是建立纯粹逻辑学说。

以上我们通过对亚里士多德和弗雷格关于语词、命题、语言表述及其意义的逻辑学回顾，比较详细地讨论了胡塞尔的纯粹含义学理论。实际上，对纯粹含义学的研究必须结合纯粹语法学和纯粹逻辑学才能得到彻底澄清，这将是另一个课题的研究任务。

📝 问答部分

- **提问者 1**：弗雷格和胡塞尔有思想交锋，如何从胡塞尔的角度看弗雷格的思想?

- **朱海斌**：弗雷格讲的"意谓"和胡塞尔讲的"含义"是非常类似的，但是他们之间也有冲突。胡塞尔的简单含义与复合含义既不同于亚里士多德的单一命题和复合命题，也不完全同于弗雷格的简单句子和复合句子及其涵义和意谓。在弗雷格那里，Bedeutung（意谓）就是专名和名词的对象，专名的意谓是其表达的对象本身，谓词的意谓是概念，句子的意义是它的思想，句子的意谓是其真值，即真和假。这一思想代表着弗雷格哲学最重要和最基本的原则。在胡塞尔这里，Bedeutung（含义）也是名词的对象，但并非所有的对象都是含义，只有"如此被规定的对象"（Gegenstand im Wie seiner Bestimmtheit，）才是含义；弗雷格的 Bedeutung 虽然意谓着表述性、语言性和概念的、普遍的意义上的对象，但他没有区分表述与非表述的、语言与非语言的对象，也没有像胡塞尔做"意向活动"与"意向相关项"的区分。胡塞尔的思想是：意义或含义构成了表述的本质，意义充实过程也就是认识过程，当意义意向在直观中得到充实时，意义就通过直观被证实，认识活动才成为可能。

- **提问者 2**：弗雷格和胡塞尔都对哲学中的心理主义思潮进行了猛烈批判，引发了围绕心理主义与反心理主义的持续争论。不少哲学家开始重新审视"是否有必要反对哲学中的心理主义"以及"弗雷格和胡塞尔是否彻底驳倒了心理主义"等问题，对此，您怎么看？

朱海斌：弗雷格认为，心理学和逻辑学的主要区别体现在以下几个方面：第一，数学和逻辑的研究对象和规律不是通过心理学观察和规律来定义、解释或证明的；第二，数学是所有科学中最为精确的，心理学是从发生学的角度关注思想如何产生，而数学关注思想内容的定义及其真值；第三，数学研究的对象是客观的、理想化的，而心理学研究的对象是主观的、特异性的。在弗雷格看来，即便那些以规范形式表述的心理学规律也并没有刻画这些思维习惯与真值之间的关系。胡塞尔认为逻辑学是一门实践性、规范性的学科，其理论基础既不是心理学也不是生物学，而是应该奠基于"纯粹逻辑"。

尽管我们不能武断地认为弗雷格和胡塞尔的反心理主义方案是失败的，但是围绕他们各自的反心理主义思想的讨论和批判，以及当代逻辑哲学中对于逻辑学和心理学关系的再思考都提示我们有必要重估弗雷格和胡塞尔的反心理主义思想。更重要的是，这种再评价会从方法论角度帮助我们思考哲学（特别是逻辑学）和心理学、认知科学这些实验科学之间的关系，这将为哲学本身的发展提供指引。

朱海斌副教授总结：上次李老师通过一种纵横系统的学术史铺垫，为我们展示了亚里士多德和弗雷格在这个问题上的思考。这一次是从"含义"入手，一开始就提出含义的三种概念。虽然有三种含义，后面李老师所讲的内容其实紧紧围绕"观念"统一，而不涉及意指行为或是作为一个种类的意义。李老师也提到 Bedeutung 的翻译，我个人认为，王路老师把 Bedeutung 译作"意谓"，因为考虑到了同一个词在动名词和动词之间的变化，所以我觉得王路讲得更有道理。李老师今天的讲座主题谈到了简单含义及其构造，我认为和它平行的是维特根斯坦在"逻辑哲学论"中提出的从最简单命题最后一直到整个世界的思想架构。维特根斯坦的"图像论"，我认为和胡塞尔的相关思想很像，他们都坚持含义层面。当然维特根斯坦可能会说，有一个语言层面，另一个是对象层面，它们具有共同的一个逻辑形式。

随后李老师又讲到了三个问题。第一个问题其实是反映论和先天自主论的争论。胡塞尔明确坚持非反映论，他首先反驳了反映论，提出事实对象层面上的简单和复合，与含义方面的简单和复合，不能一一对应，所以这就是很明显的反驳——含义并不只是对象的反映。第二个问题，我认为和摹状词理论有某种相似之处，简单的事物可以理解是一个复合的统一体。第三个问题涉及复合的语词，每一个词会规定一个相应的含义。讨论完这三个问题之后，就进入独立含义和不独立含义。我们今天讨论的是静态的现象学，但是如果到了后期，比如到《经验与判断》和内时间意识分析以及被动综合的时候，胡塞尔通过分析语言与意识的交互关系，把含义的生成结构推进内时间意识的结构中，内时间意识的结构成为阐释含义生成性的理论支援。含义生成过程就是其意识生成过程，亦是其时间生成过程。他运用发生现象学的方法，对逻辑进行了谱系学考察，通过将谓词判断的明见性追溯到前谓词的经验领域，向我们展现了一个比传统形式逻辑范围更加广泛的前谓词经验的领域。今天李老师通过对胡塞尔的文本解读，提纲挈领地为我们展示了"简单含义与复合含义""独立含义与不独立含义"的基本内容，这种对胡塞尔文本细致的研读方式非常值得我们学习！

第六讲

教育现象学：不研究什么，研究什么，又如何研究？

1. 在教育现象学研究中，如何给教育与政治、经济、文化三者的本质划定边界？

2. 教育现象学的研究目标、内容及研究特征是什么？

3. 如何运用胡塞尔现象学方法论开展教育现象学研究？

👤 熊华军教授（主讲人）

　　这个报告是我专著里面的第一章，起了引言的作用。之所以要写这样的一本专著，主要是在李校长课堂上我经常听到的一句话：现象学要为科学奠基，现象学是一门严格的科学。我也不断问自己一个问题，教育学作为一门科学，它的严格性和奠基性究竟在哪里？我们从哪里去找教育学的本质或者本源？如果我们找不到教育学的本质和本源，我们现在分析当前出现的各种教育学的现象，开展教育学研究就是无本之木。正是在这样的一个维度上，我非常期望基于现象学一套成熟的理论方法和态度，对教育学的机制本源和原则进行探寻。我尽量按照现象学的方法，把这样的问题诠释清楚。要回答教育现象学是什么，肯定离不开现象学。现象学是什么？这一句话是被人们广泛所引用的。"现象学标志着一门科学，一种诸科学学科之间的联系；但现象学同时并且首先标志着一种方法和思维态度：特殊的哲学思维态度和特殊的哲学方法。"基于现象学的态度、理论和方法开展的教育学研究称为教育现象学研究，属于应用现象学的范畴。

　　我认为，一门科学要进行深入研究，就可以借助现象学，教育学也是这样。我们要使教育学成为一门真正的科学，也要借助现象学，借助现象学的方法、态度和理论，这是我的思考。基于现象学的态度理论和方法开展的教育学研究就称为"教育现象学"的研究。在这里，我把教育现象学纳入应用现象学的范畴。现象学之所以在全球产生一个非常重要的影响，不仅仅是它的理论穿透力，更重要的是它能够指引其他的学科开展非常好的实践研究，这也是胡塞尔所说：现象学实际上是一种工作哲学，实际上就是一门应用型或者是实践型的现象学研究的范畴。我们要对教育现象学研究的范畴进行研究，我认为这是一个元研究。作为一个元研究，我认为需要回答三个问题。第一，教育现象学不研究什么？第二，教育现象学研究什么？第三，教育现象学如何研究？对这三个问题的回答，能从本质上显现教育现象学研究区别于其他教育研究的独特魅力。为什么教育现象学现在成为显学，它的独特魅力在哪里？我们要追寻找到它的独特魅力，就应该对它的边界有清晰的理解。我将从如下的三个维度来进行阐述。

一　教育现象学不研究什么？

现象学的口号就是面向事情本身。作为应用现象学的一种，教育现象学要思考的一个问题就是：教育要思考什么，如何面向教育本身？这就给了我们一个极大的挑战。我们借助胡塞尔和海德格尔关于"生活世界"的理论，可以对这样一个问题进行还原。因为走向教育本身，实际上是走向在生活世界中的教育的本身。对于生活世界，海德格尔和胡塞尔都有各自的提法，我在这个地方主要还是受海德格尔的影响比较大。海德格尔认为生活世界是由天、地、人、神四个方面构成的，生活世界就是天、地、人、神四元"镜式"游戏，放到与教育相关的生活世界里，我们该如何去理解？我们教育学研究者对于教育中的生活世界进行了非常复杂的论述，我认为真正与教育相关的生活世界，是一个由政治、经济、文化、教育这四大系统所构成的一个世界。在这样的一个世界中，现在出现一个问题：就是要追问在技术的背景下，教育何去何从？在一个日益技术化的世界，追求效益优先和效率溢出，已成为当下生活世界游戏的主导原则。教育具有滞后性，不一定能够很快带来比较好的效益，因此在整个生活世界的游戏中处于边缘的地位。能够及时产出效益的政治、经济、文化备受青睐，成了欢宴中的"主菜"，但滞后产出效益的教育被遗忘，成了"配菜"，有时候连配菜都不是，被冷落在厨房里，还没有端出来，这也是湖南师范大学原校长张楚廷老师的理解。当前生活世界"游戏"的主导原则不再是政治、经济、文化、教育四元"镜式"游戏，而是为政治、经济和文化共建的"样板戏"。每个人都知道教育的作用是非常重要的，比如说"敬教劝学，建国之大本"，教育的重要性不言而喻，但为什么在技术的维度中，在日益技术化的世界中，教育不能够发挥作用，在生活世界中处于被遮蔽状态呢？根据海德格尔的观点，事情被遮蔽有三个原因：一是被他物遮蔽，二是被自身遮蔽，三是存在本性的遗忘。第三个原因是事情"缺席"的根本原因，抑或说正因为本性的遗忘，事情要么被他物遮蔽，要么被自身遮蔽。从这个维度出发，秉承现象学追问"本性"的传统，教育现象学也矢志于教育本性的追问，也就是说教育的本性，这样一个存在是如何被遗忘的？如果我们能清楚回答这个问题，教育学的科学奠基性就能够呈现出来，这个事物的呈现就是在与他者的区分和与自身的统一中体现出来的。在与他者的区分之中，我们还是回到生活世界，借助于教育学生活世界来理解，就是要基于教育学事件对胡塞尔提出生活世界进行转化。

生活世界由政治、经济、文化和教育四元构成"镜式"游戏。我们追问政治、经济、文化的"底"究竟是什么？只有将教育与这三者的本质进行划定边界之后，教育的本性才能够呈现出来。

我认为政治的底是"力"。政治的最核心问题是权力的产生、运作和继承。在政治"力"的"规训"下，教育是"上层建筑"。按照涂又光先生的理论，在政治"场"中，教育要为政治服务；在教育"场"中，政治要为教育服务。这为我们理解"教育何为教育？"提供了很好的思路。我们在一些教育学原理或者教育哲学书里面经常看到的一句话就是：政治决定教育，教育反作用于政治；经济决定教育，教育反作用于经济。在这里，教育都是"反作用于"，也就是说教育在政治与经济的关系中，往往处于弱势的地位。但是涂又光先生认为，在政治"场"中，政治优先，教育要为政治服务。如果我们放到教育的话语体系里面，教育优先，政治必须要为教育服务，教育和政治不是作用与反作用的关系，而是政治确保教育成为自己和作为自己的关系。在教育"场"内，如果政治凌驾于教育之上，失去的不仅是教育自身，而是国家的未来。这一点我们可以从德国的大学的兴起和衰落看出来。在第一次世界大战之前，世界的高等教育中心在德国，第一次世界大战乃至二次世界大战之后，世界的高等教育中心转到了美国，原因就在于在第二次世界大战的前夕，德国大学失去了自己的灵魂。

我们再来看经济，经济的底是"利"。以最少的投入带来最大的利益是经济的本性。对经济学家来说，教育是"经济基础""生产力"，是拉动内需或服务贸易的手段。

接下来我们再来看，文化的底是"礼"。"文"的本意是痕迹、纹理和迹象等，它显现为天文、地文和人文。我们把天文称为自然，把地文称为历史。所谓"文化"就是用天文、地文和人文对人进行教化，使人"立于礼"，让人接受并遵守礼节。"礼"和"非礼"是人的存在的界限，当"礼"极端化或片面化后，"礼"不再是存在的真理，而成为教条。雅克·韦尔热在《中世纪大学》一书中就提出：中世纪晚期，大学成为宗教信仰的宣传机器，最终"封闭了其生源，教学水平也下降"，最后也引发私塾大学的兴起。我们在阅读教育学原理或者教育哲学著作的时候，发现一些专家或者学者会把教育归入文化的领域。他们认为教育不是政治，教育不是经济，但教育是文化。我认为教育不是文化，我的根据来自欧根·芬克，可以说他是教育现象学的开山鼻祖。当然这个信息点来自倪梁康老师对于欧根·芬克教育现象学的介绍。欧根·芬克认为："教育哲学不是一门哲学学科，不是对于哲学特殊专业的区域本体论而言的标识，教育不是根据人类兴趣的'领域'或区域而形成的扇形展开，也不是根据'文化领域'来进行的划分。"这句话就说得很清楚，教育不是根据人类兴趣的领域或者区域展开的，我们可以把这个领域和区域理解为政治和经济以及后来的文化。所以说教育要真正寻求其"底"，也就是寻求其奠基的根据的时候，我们不要从政治、经济和文化出发。在倪梁康老师翻译的欧根·芬克的教育现象学相关著作中，欧根·芬克提出："教育意味着不要向外形，回到你自身，真理寓于人心之中。我们可以看出来，教育不是政治，教育不是经济，教育不是文化，它强调的是寓于人心之中的真理。"

为了更好地阐述我的观点，我又找到了另外一个依据，亨利·埃兹科维茨和洛埃特·雷德斯多夫提出来的"政府—产业—大学"三螺旋模型，现已基本主宰当今大学发展的基本走向，即政府、产业相结合的区域经济的发展模式。在这里，政府代表着政治，产业代表着经济，但这个地方没有文化，只有大学。所以我们也可以质疑以张楚廷和涂又光为代表的学者提出的要将教育归于文化。在这里，我们认为教育的底不再是文化，而是自己的一个底——"真理"。这也是我经常在课堂上提出来的，政治的"力"、经济的"利"、文化的"礼"，教育的

"理"。这个"真理"显现为三个维度，从存在的维度显现为真相，从思想的维度显现为真知，从语言的维度显现为真话，所以教育要开真相、思真知，说真话。被真理规定的教育就指向了人的存在及其命运，即人与自身相区分。所以真正的教育，不是探寻那种政治的"力"、经济的"利"、文化的"礼"，更多的是探讨教育中一个活生生的人如何成为人的过程。因为海德格尔在关于真理的论述，尤其是关于民族困境的论述，实际上是指向我们个人如何在世界中诗意栖居的问题。

人如何与自身相区分？人要与自身区分，往往是与自己最靠近的两个要素来进行比较，就是与动物和神相区分，动物是无理性的，神是有理性的，人是有理性的动物。在这样的情况下，我们认为，即便是禽兽不如的人，也不是禽兽，依旧是人。在这里，人与动物相区分是次要的，人与人自身相区分才是首要的，当人自身与自身相区分，人自然而然就与动物相区分。当人与自己相区分的时候，人就能够成为一个自由的人，即自己规定自己。只有自己规定自己的人，才能够为整个社会的良性发展提供最基础的本源。现在我们也就回到了胡塞尔经常追问的一个问题：现象学到底有什么用？现象学并不是否定自然科学和社会科学，现象学只是要为自然科学或者现象学寻求一个根据，为他们找到意义的发生地带。教育学并不是否定政治、经济、文化的存在，而是要探讨如何为生活世界中的另外的三者——政治、经济、文化的可持续发展奠定基础。

一个成熟的政治、经济和文化共同体，实则是自由人的共同体。没有人的自由，政治、经济、文化是无底棋盘的游戏，在这种游戏内，教育会沦为政治的玩偶，经济的战场或者文化的附庸，教育的"理"隐藏的一个意思，实际上就是指向立于真理中的人，教育就是教育，强调的是不要用外在于教育之外的其他东西来规定教育，这也是杜威在《民本主义与教育》这本书中提出的一个著名观点的诠释。他提出教育无目的论，实际上是不是说教育无目的，而是不要用教育之外的东西去规定教育，教育就是教育。

教育现象学要研究的就是基于现象学的视角，让教育跳出政治的"力"、经济的"利"和文化的"礼"的苑囿，直接指向"立于真理中的人"。这种"立于真理中的人"，马克斯·范梅南在《教育的情调》一书中做出这样一个解答："指向的是一种能积极地分辨出对成长中的孩子而言什么适合、什么不适合的能力。"在这里，我们借用汉娜·阿伦特的一句话：教育就是建立和保存一个空间，让作为"秀异"的自由得以展现。"秀异"的意思就是优秀和优异，所以真正的教育就是让人成为一个真正的人及一个自由人的过程。要让这样一个人成为一个自由人的过程，实际上也就是在教育中要有敏锐的感知，要知道什么是对于教育中的孩子是好和不好的东西，要进行一个批判。我们在这个地方借用还原，最后发现教育不是政治的"力"、经济的"利"和文化的"礼"，教育就是自身的"理"，我们再一次对教育的"理"进行一个追问。海德格尔区分了"符合论"真理观和"存在论"真理观，也为我们解答这一个问题找到了根据。

现在我要思考的一个关键问题是如何把哲学中探讨的这样一种符合论真理观运用到我们的教育中。教育现象学探讨的真理，不是自然科学规律型"真理"，也不是社会科学规则型"真理"，而是精神科学规范型"真理"。教育现象学研究的"理"
不是规律，因为规律是与我们自然科学相连接的。在英国教育
学家斯宾塞（Herbert Spencer）提出"什么知识最有价值"后，
自然科学凭借其精确性、客观性成为教育研究的典范，依照数
学那样一种规范去把教育研究背后的东西用冷冰冰的数字呈现
出来。直到今天，如果我们要写教育学的论文，不发放问卷，
不开展访谈，不进行相关分析和路径分析，不用独立样本 T 检
验，或者不以结构方程模型分析或多层信息模型分析，就感觉
我们的研究拿不出手。正是依照这样一种教育研究，"实证"研
究已成为教育学研究的"标配"。实际上，"始终囿于事物必然
的或者规律的限制，只是给自由的到来准备了一些条件，而不
是自由自身"。这样的研究是不是真正的走向教育本身？我们认
为它不是，因为规律毕竟是一种外在的给予，倪梁康先生认为：
这些"规律"的研究无法引导教育实现其"构造精神"和"构
成性格"的最终使命。

在欧根·芬克看来，教育有两大使命，一个是构造精神，
一个是构成性格。精神指的是人在世界之中怎么存在的问题，
性格指的是人如何成为人作为人的理解。规则包括道德和伦理，
道德指向的是个人，伦理指向的是社会。不管是道德还是伦理，
都是人的行为准则，要求人成为有良知的人，或者过一种被良
知规定的生活。规律研究遵循的是"他律"原则，规则研究遵
循的是"自律"原则，因此真正的基于现象学的理论指导的教
育研究，就要摒弃这样一种规则或者规律，或者要为这些规则
或者规律的研究找到其背后的意义与价值。

教育现象学研究究竟要遵循什么？那就是"精神科学"，遵

循精神科学的规范。精神科学源于德语 Geisteswissenschaften，其中 Geist 意指人类内在的品质和精神的升华。海德格尔认为：精神是以原初命定和认同的方式存在着本质的决断。他认为真正的精神，实际上就是追问存在与虚无，什么是存在的？什么是虚无的？人如何在无家可归的世界中，过一种诗意栖居的生活。教育现象学关注的 Geist 有两层意思：一方面是人与自身的现实性相区分，比如说课堂上某个学生无精打采，你不要忽视学生的这种无精打采的状况，应该要采取一些举措，让学生焕发出自己的精力，投身于学习之中；另一方面是人与自身的给予性相区分，比如说一个学生家庭条件不好，这个时候你就要帮助学生解决这样一个问题，不要让学生出现自卑感。所以作为精神规范的教育研究，就是被真理"定调"，即真理自行摄入教育中的每一个孩子，"在恰当的时间、在恰当的场合、对于恰当的孩子、为了孩子恰当的好，以恰当的方式进行行动"。真正的教育现象学的研究就是将一种影响施加到另外一种影响下，让影响产生影响的行为。也许大家都知道一句话：教育是什么？教育就是一朵云摇动另一朵云，是一棵树摇动另一棵树。因此教育现象学现在的问题非常明显，教育现象学不做什么研究，要做什么研究。在这个维度上，教育现象学聚焦于"对这个孩子，此时此刻我该怎么做才是最好的"此类情境的体验、反思和诠释。所以"体验"是教育现象学中的核心关键词，它与我们当下的教育研究中的说明和解释相去甚远。基于这样的一个方法，我们现在就回归教育现象学研究什么的问题。

二 教育现象学研究什么？

胡塞尔认为，现象学要成为真正意义上的"严格科学"，必须坚持对人性所负有的责任。他认为："我们的生活目标在总体上有两种，一种是为了时代，另一种是为了永恒；一种服务于我们本己的完善以及我们同代人的完善，另一种服务于后人的完善乃至最遥远的后代人的完善。""坚持对当下的和永恒的人性的责任"在我们教育现象学研究中体现为"对当下儿童的责任"。为了儿童的成长是"为了时代"，为了儿童的成才是"为了永恒"。所以现在我们教育中经常说的一句话，教育的目标是什么？教育的目标是促进孩子们成长成才，成长是为了当下，成才是为了永恒，所以教育现象学实际上就是一门探讨成年人与孩子如何相处的学问，或"勉励他人成长的学问"。从学校教育看，教育现象学就是研究师生共在共生的学问。按照这样一个语词的结构出发，谁是学生？学生之为学生，在于他是一个要学者。作为要学者，从逻辑模态和必然性来看，他渴望真理，有强烈的求知欲；从现实性看，他还未登堂入室，需要教师的引导才能行走在真理大道上；从可能性看，他是一个是其所不是，不是其所是的"无限生成的小宇宙"，所以，看待儿童其实就是看待其可能性和成长性，看待教育中的每一个孩子在成长过程中的可能性。谁是教师？就是要教者。教师之为教师，不在于他有教师资格证，也不在于他有知识和能力，在于他真正被真理所召唤，带领这一群孩子走在真理的路途上，这就表明他是一个能教者和要教者。基于教育的"理"的奠基性问题的解答，我认为教师就是"真理引路人"，为什么是真理引路人？我们可以从词源学上找到答案。Pedagogue 一词源自希腊语，最初的含义是指引孩子上学和回家的引路人。首先是教师走过这条路，他知道哪条路是存在之路，哪条路是虚无之路，他要引导孩子们走在存在之路上，而不是虚无之路上。其次，他邀请学生走向这条路。"来吧，我来指给你这个世界，去那个既是你的世界，也是我的世界的道路"，正因为咱们共在这样一个世界上，所以我们能够同时在这样一个路上行走，构成一种师生关系。再次，教师"守护"学生上路。教师只是"陪伴"，教师不能代替学生走完这条路，路还得靠学生自己走。最后，在学生走路时，教师给予学生无言的承诺：放心走吧，不管前面发生什么，我都在你旁边守护着你，让你不受风吹雨打。同时，为了让学生"走得更稳"，还要做一些清除"路障"的工作。所以在这里，作为"真理引路人"，教师要成为一个真正的权威者，学生必须要按照教师指引的去行走。

接下来，我们要回答的问题是师生为什么共在共生？教师是一个独立的个体，学生是一群个体，教师的年龄比学生大，教师对世界的理解和学生对世界的了解完全不同，这两类不同的群体为什么能够构成一种关系？有很多教育研究者对这个问题进行探讨。如果基于现象学，师生关系不是物理意义上的在一起，也不是心理意义上的彼此感知，而是存在意义上的"寓于真理中"。正因为教师和学生被真理规定，所以师生共在共生。这是我们下一步研究的一个重点，就是探讨在这种真理规定下老师和学生的体验。比如说我们现在发现一个非常有趣的现象，一个语文老师来到课堂上，实际上他的言行举止以及他课后的言行举止，就像一个语文老师，也就是说是语文规定他成为老师，所以他的举手投足与数学老师具有典型的差异。一个化学老师的教师办公室与一个文学教师的办公室有什么典型的差异，这种典型差异产生背后的原因究竟是什么？实际上也探讨了这一点。当我们学习科学的时候，实际上科学背后的意义已经规定了我们就是一种科学规定意义上的显现，正是因为同时被某一门学科背后本质的意义所规定，这种师生都具有一种共性特征。比如说现在高等教育学里面有一个著名的比喻叫"泡菜坛子理论"，一个大学就像一个泡菜坛子，不同的学生来到这里，经过四年的教育，从大学里面走出来的人，它就具有一种独特的秉性，所以"你教什么，你就是什么"，真理呼唤学生在场，学生是真理的聆听者，"你学什么，你就是什么"。在对真理的探讨和彰显中，师生关系就出现了。师生关系，不仅仅是一种共在的关系，更多的是一种共生的关系。因为被真理规定的师生，并不是仅仅停留在对真理的接受上，而是要在去蔽过程中让真理的本源显现出来，所以在整个课堂之中，师生们都要启真相、思真知、说真话，让真理的王国更加繁荣。"吾爱吾师，吾更爱真理""青出于蓝而胜于蓝""教学相长"等，就是师生共生关系的最好写照。这几句话是在胡好老师的课堂上摘下来的，我觉得放在这个地方还是比较合适的。基于上面的探讨教育现象学的研究，探讨师生共在共生的体验揭示出的教育现象学研究具有如下特征。

第一，注重规范性研究。"教育的本性是一项规范性的活动，而不是一种技术或生产活动。"所以我们不能够脱离规范去研究教育，因为教育指向的是人，我们这一代的教育要有自身的真理的引领，作为一种规范，要注重规范性，这种教育学规范与其他学科规范不同，它就是为了学生的好。"好的"就是"适合的"，"适当的"就是在孩子或年轻人的交往中对什么是适合的与什么是不适合的予以区分。为了学生的好就是一个无条件的善的意志，我们可以说一个老师讲话好、谈吐文雅、知识水平高、解答能力强，但是所有这些都无法判断其是不是一个好老师。我们判断一个老师是否卓越，是基于最后的规范——是不是出于为孩子的好。北京大学陈向明老师曾经也做过一个"王小刚为什么不上学了"的个案研究，她在研究中探讨王小刚为什么不上学的问题，最后找出的原因是老师自以为出于好的本意，说了王小刚一句话，哪知道这样的一句话伤害了他，所以他就不上学。在这样一个判断中，"好"不是基于老师的价值判断，而是要出自学生的体验。从意向性看，"好"指向的是一个个学生的具体的"好"，绝对不能指向得过于笼统，因为这是教育的特殊情况，这也对我们当前的应试教育提出了一大挑战。所以基于现象学进行教育研究，就要引导我们的老师认识到真正的教育要面向每一个学生，要出于对每一个学生好进行教育，因为任何"好"都是真理的一个显像。我们教育的规范性就是要让我们的每一个孩子洞见到自己存在的界限，也就是将自己与自身相区分。

第二，注重关系性的研究。一部教育史，就是一部师生关系建构史。师生关系从"教师为中心"到"学生为中心"，再到"主体间性"的演变，也是一部师生关系观，影响了教育改革与创新的历史。在我看来，保罗·利科（Paul Ricoeur）的"作为自我的他者"的理论是当今最具穿透力的有关师生关系建构的理论，因为这比较适合于我们基于现象学去研究教育中的师生关系，师生彼此都是存在的意义上的"作为自我的他者"，而不是认识论意义上的"作为他者的自我"。"作为自我的他者"的价值在于：一方面师生是"他者"，两者具有"间距"性，所以是陌生的；另一方面师生是"自我"，两者"立于真理中"，被真理所规定。正因为"为了真理""属于真理""依靠真理"，师生才能共在共生。按此推论，教师不再是马克斯·范梅南提出的"作为学生父母的替代者"。范梅南是教育现象学研究的一个非常著名的人物，教育现象学在当前成为显学，与他的努力是分不开的。虽然他也是用现象学来对教育进行研究，对教师提出这样一个角色的界定，但是我认为教师不应该"作为学生父母的替代者"，而应该成为"学生走向真理的存在和存在的真理的守护者"。"守护"有两层意思：一是内在的爱护，即守护学生的求知欲，让学生尽情地遨游于知识海洋中；二是外在的保护，即守护学生免受外物的干扰，成为纯粹的求知者。

第三，注重情境性的研究。"境"指的是"地方"，是时间的空间化和空间的时间化聚集。"情"对人来说是"情感"，对物来说是"事情"。"情境"指的是人事和物事在一个具体的时空中的聚集。"教育情境"指的是师生共在一个具体的时空中的交往。因此，教育现象学就是关注在师生共在共生中的体验研究。在这里，我们仅就教师体验加以说明：从意向性看，教师的体验始终朝向一个个具体的学生，为学生的进步高兴，为学生的不当行为而痛苦。所以"情"可以理解为"情意"，即有意于学生的成长成才，中意于学生的成长成才。如果在"情意"上来理解"情"，那么教师的"情"具有反映性、建构性和状态性：从反映性看，当下的一个个具体学生的言行举止会激发教师不同的情感；从建构性看，教师的"情"会"感动"甚至"感化"学生，所以一个是被感动，一个是感动；从状态性看，我们教育的情感不是情绪，它是一个尚未敞开的情感。情感是一个敞开的情绪，这种情感不是主观化的感情，感情越过底线是违背教育伦理的；这种情感也不是客观化的情理，情感的理性化只会让教师压抑对学生的关注和关爱，这种情感是理性的情感化，是情理交融和情理渗透。教师的情感是当下的瞬间与弥久的永恒的统一：当下瞬间的情感是激情，一个饱含激情的教师时刻能激励学生，让学生求知欲处于亢奋状态而不衰减；弥久永恒的情感是情怀，一个具有教育情怀的教师能保持平常心，执着于三尺讲台，行立德立功立言之事。

第四，注重行动性的研究。首先，教育行动就是教师采取教育举措并付诸实践。我们的教育行动一定是出于"为了学生的好"的规范采取的行动。其次，教育行动是来自情境的洞见，比如说在我们做高等教育学研究的时候，一个经典的案例就是华中科技大学李玉老师开创了"点团队"，因为他一直在思考这样一个问题：进入华中科技大学的本科生非常优秀，但进校之后有的学生却把大把的时间花在打游戏或者与学习无关的事上。他就思考作为一个大学老师该做什么？华中科技大学的学生非常优秀，我为什么不领着这些本科生去做研究？因此他就拿出自己的经费，成立了一个"点团队"，通过点点滴滴的感化，引领本科生更好地行走在真理道路上。这个项目也成功了，从这样一个项目中走出来的学生都非常优秀。后来，在这个"点团队"的影响下，华中科技大学很多老师也开创了自己的团队，本科生做科研，在学校里已经成为常态。最后，教育行动是刻不容缓的行动，比如说你看到这种教育时机，但是认为要下学期再做或者以后再做，实际上就失去了这样一个机会。我们一旦看到教育中存在的这样一些问题，作为教师的良知良觉，就应该把这样一个问题要解决掉，因为这是刻不容缓的行动。保罗·利科关于行动的四个特征也符合教育行动特征，我将其做了一个转化。

（1）教育行动是一个教育事件。每一个行动必须要把学生和老师纳入一个具体的事情之中，只有人与物、事发生交互作用，一个事件才形成。真正的教育是不断产生事件的教育，比如说我今天做的这样的一个报告，能够激发在座的若干研究生喜欢上教育现象学这样一个研究领域，而且投入时间和精力进行研究的话，我认为这就是一个教育事件。

（2）教育事件展示的时间（作为瞬间的当下）与其逻辑（作为永恒的意义）是分离的。比如说老师一旦开展教育行动，这个教育行动本身来自教师，但是最后指向的不是行动者，而是指向行动的对象（即学生），所以教育意义奠定在教育事件基础上，这也是我们行动的最终的指向。正是在这样一种情况下，教育行动是"事件"和"意义"的统一，是没完成的敞开的作品，需要教师不断思考，学生也在与教师交往之中，苟日新，日日新，又日新，最后成为一个精神饱满的人。如此，教育行动就能够被师生理解，且变为师生自身行为的规定。

三 教育现象学如何研究？

为了保证先验现象学区别于传统哲学，胡塞尔尤其注重现象学方法论的研究。在方法论层面上，胡塞尔认为现象学基本上包括还原、描述和反思三个阶段。我结合当前教育现象学研究的一些著作和论文，将胡塞尔的三阶段概括为四个方面：一是生活化体验，二是事件化描述，三是意义化诠释，四是叙事化写作。

（一）生活化体验

我们真正的要将这样的一个东西显现出来，最重要的就是落脚到写作，写作首先来自生活化的体验。教育现象学"更关注对生活体验的追问，像剥洋葱皮一样，促使我们对一层层包裹在我们体验之上的文化、历史、观念和思想进行质疑和反思，帮助我们摆脱理论和预设的概念，将我们的成见和已有的看法、观点先搁置起来"。

教育现象学研究的第一步是先验还原，这种先验还原就是中断自然主义、历史主义和世界观哲学等自然性思维，直接面向学生真实的生活世界。我们做教育现象学研究，一定不要带着我们之前教育学的一些理论，要直接进入现场。

教育现象学研究的第二步是本质还原。我们不要带着我们的前见、偏见和先见去与教育中的孩子们打交道，应该具有直观教育中绝对的明晰的被给予性，这一方面意味着研究者要参与到丰富的生活中去，参与到生活中的关系和共同的情景中去；另一方面我们要采取行动，也就是具有规范性、关系性、情景性和行动性。

本质还原的第一个步骤是"多样性变项的通观"，即教育现象学要通过看、听、读、说和写等方式"通观"。（1）"看"不是盲见和异见，而是洞见。盲见是看不到，异见是看到的是假象或者片面的真理，洞见是奠基性行为的感性直观和被奠基性行为的范畴直观的统一。真正看，就是看进去，直接看到这个事情如其所是的样子。所以我们的这样一个研究，比如说像课堂观察法或者是量表的一些发放，也有助于我们更好地看到教育中发生的各种现象。胡塞尔在《纯粹现象学与现象学哲学的观念》中将形式范畴和质料范畴的直观称作"本质直观"。正因为如此，观察法成为教育现象学研究最常用的方法。（2）"听"是占有真理的重要手段，因为听是"激情"和"理性"的同一。只有学会了听，真理才能深入主体之中，成为主体自己的真理。福柯认为要成为一个好的听众，首先要学会沉默，其次要有积极的态度，不仅要听，而且要听逻各斯，要召唤你去采取行动的实践。最后是要听出指称（指称既是真命题，又是适宜的行为方式）。（3）"读"不仅仅是阅读书籍或文献，更是阅读学生生活经验的能力。真正的教育现象学研究者应该像具有高超的阅读比赛能力的教练，这些教练临场应变能力强，能把握住稍纵即逝的战机，于绝境中找到希望，并把希望转化为球队的战斗力。所以在福柯看来，"读"就是用灵魂去占有真理。（4）"说"即对话。福柯认为具有"诚言"的对话包括密谈、商谈和疗谈三种。密谈是指老师和学生具有一种亲密的关系，能够通过谈话使自己的良好的关系更进一步；商谈指与对话双方相互"商量""商榷""商谈""商讨""协商"以便达成共识；疗谈指通过谈话治疗"偏见""成见"，以此达到相互理解。（5）最后一个是"写"，也是我们教育学研究中经常采用的一个方法，比如说让学生在一个沙盘上自由地画，通过他画出来的一些符号，我们能够解读出学生的体验；或者是学生写的日记，与同学聊天的各种文本，我们都能够把它用作理解学生的一个重要的手段。

本质还原的第二个步骤是"在变项中呈现出常项"，即在多样性的"通观"中，一系列教育事例呈现出具有统一性的教育原则、教育规则或教育规律等"常项"。比如还没到下课的时候，大部分学生就开始往教室的后门看，你作为老师就要找出一个规律和举措。教育现象学之所以强调经验和体验，就在于经验和体验蕴含着师生对教育"常项"的理解。

本质还原的第三个步骤是"将常项理解为理念（eidos）"。教育的"理"统摄教育经验的各类陈述，即教育中的"常项"是教育的"理"的不同维度的显现，类似于现象学本质的显现、侧显和隐显。

（二）事件化描述

现象学所研究的"事情本身"就是作为事物自身的"自我显现的事态"。在法国现象学家让－吕克·马利翁（Jean-Luc Marion）看来，"事情的事态性"不是客体对象化，而是事情事件化。阿兰·巴迪欧（Alain Badiou）直接将现象学称为"事件显现及其显现程度的学问"。从事件的角度看，存在不是就在这里的现存事情，而是随时随地冒出来的"事件"。存在的事件性质使存在内在地具有源生的自我生成的性质。现象学也是显现学，最终落脚点还是在事件方面。事件是源自拉丁语词 evenire，意思是"马上到"或"要到来"，所以"事件"具有无中生有和有回归无的中断性和创造性。从教育（educate）的词源学看，教育也具有事件性。educate 的前缀"e"等同于"ex"，意为"引出""导出""出现"；词根"du"意为"流动"；字根"cate"意为一个动作，常用作动词的结尾。educate 就是"把某种本来潜在于身体和心灵内部的东西引发出来的动作"。教育作为一个行动，绝不是人简单的身心活动，而是人与物、人与人、人与精神的共在共生。这种共在共生的行为便产生事件。但这并不是说，人是事件的规定者，好像人能主观地产生事件。相反，事件是人的规定者，人在事件中显现自身。事件有超出人自身的意义。所以我们说教育中要有这样一个事件，并不是人为制造出来的，人不是教师，不是教育世界的制造者，学生也不是教育世界的制造者，而是我们在与人与事打交道的过程之中，走向了教育的真理。教育事件不是必然的，也不是意外的，而是在真理的规定下，我们出于对学生好的绝对的善良意志所采取这样行动。所以，真正的教育事件，就是让学生与自身相区分的事件：当一个学生在与自身当下的现实性或过去的给予性相区分的时候，这个学生才能够成为一个新人。如果我们的教育不能让一个学生从旧我走向新我，教育就不是真正的教育。真正的教育是产生事件的教育，即学生在你的课堂上，或你当下与他一个交流的瞬间，一个眼神的对话交流或者你与其一次亲密的谈话，学生就能发生改变，我们需要的是这样真正的教育事件。所以，事件化的描述就是将学生成长成才的事例如其所是、是其所是地描述出来。在这个方面，教育现象学的描述，不是教育现象的全景描述，而是对产生的这样一个事件有选择的描述，有点类似胡塞尔所说的，要把大钞票兑换成小零钱。

（三）意义化诠释

现象学是一门关于生活世界的纯粹的本质学说，保罗·利科将本质称为"事件与意义的统一"。吉尔·德勒兹（Gilles Deleuze）认为，事件并不全在物理时空中发生，只有建立了一个空间，才能够把人、事、物纳入进来，才能够有这样的一个相互的关系，有点类似于海德格尔的"林中空地"，所以保罗·利科说我们所刻写的就是说话的意向对象，它就是言语事件的意义，而非作为事件的事件。当教育之中的某一个事件发生出来之后，我们所描写的实际上是一种意义的诠释，这种意义的诠释就包括三种：首先是话语行为，即教育研究者说出彰显真理意味的语句；其次是话语事实行为，即告知、命令、警告、承诺等话语；最后是话语施效行为。我们通过教育事件的意义化诠释，引领老师更好地教，引领学生更好地学。所以海德格尔在《德国大学的自我主张》一书中提出：从科学出发，并通过科学来教育和培养德国民族命运的引导者和护卫者。从真理出发并通过真理，我们教育现象学的诠释才能够达到真正的诠释。

接下来，我们再来讲诠释学，按照按伽达默尔的说法，它应该是三位一体的，第一是理解，第二是解释，第三是应用。教育现象学的意义化诠释，就将教育转到一种教化。教育现象学有一个关键词是"教化"，意义化诠释就是让人自身成为一个普遍性的精神存在，也就是舍弃自身的特殊性向普遍性的提升，所以教育现象学到了意义化诠释的阶段，就要把教育的——"理"呈现出来。基于现象学开展教育研究，它具有规范性，我们不

是基于经济的、政治的、文化的，我们是基于教育本身把教育
最终的奠基性揭示出来，这个就是意义。

（四）叙事化写作

教育现象学就是要写作，这种写作是一种叙事化的写作，
也就是说，一篇好的教育现象学的论文就是一篇叙事的论文。
生活化体验是为了捕捉教育事件，对教育事件的描述，同时也
是意义化诠释，描述和诠释的固定化就是叙事化写作，即通过
文字的聚集，尽可能接近和还原生活体验，教育现象学的写作
不同于其他教育学研究写作的地方，就在于其叙事化的特征。
保罗·利科在《解释的冲突——解释学文集》一书中也提到，
一个真正的教育现象学的文本应该如何呈现。未来我将引导我
的研究团队，也以这样的文本来呈现，也就是判断一篇论文是
不是成功的教育现象学的论文，靠的就是最后一关，即叙事化
写作水平的高低。

1. 谁在叙述？我们在开展教育现象学研究者是一个什么样
的人？是一个生活经验的反思者。什么是反思？保罗·利科认
为："反思是对我们为存在所作的努力和我们'在'的欲望所作
的重新内化，它要借由作品来见证这种努力和欲望。"这和胡塞
尔的反思不同，前一句话讲的就是我们如何生活在世界上，后
一句话讲的是我们如何成为自己。保罗·利科是基于海德格尔
人存于世界中的维度来提出这样一个理念，就是说反思者是在
写作中反思，所以写作就是反思。在这样的意义上，每一个从
事教育现象学研究的学者都要成为且必须成为写作高手，如
果不能够进行叙事的写作，就无法被称为真正的教育现象学

的研究者。

2. 如何叙述？在整个教育现象学的文本写作之中，我们该如何开展叙述？实际上就是间距化与内化的融合。间距化有四种形式：一是"所言"与"言说"之间的间距化，即意义的诠释与事件的描述之间的间距。"言说"是"作为瞬间事件的话语"，"所言"是"作为永恒意义的话语"。话语因揭示了事件的意义从而使意义超越了特定情境中的事件。二是文本意义与研究者意图之间的间距化，我们本来是带着这样一个意图来写的，但是一旦完成写作之后，作者已死，留下的只是文本。三是文本指涉的世界与现实世界之间的间距化，也就说文本世界与现实世界的间距化，也就是说通过我们教育现象学描述的世界是一个美好的世界，是让儿童诗意地居住在我们课堂中的世界，它与现在儿童的焦虑抑郁、内卷是不相干的。四是师生与自身之间的间距化，我们把文本完成了之后，要通过这种文本的阅读，知道自己朝着哪一个方向努力以及更好地改进自己。所以教育现象学的写作并不是研究者意图的显现，也不是研究样本意图的再现，而是教育的底——"理"本质的显现。这就意味着教育现象学的文本，首先是确实的，即来自儿童的生活世界。其次是真实的，即指向教育的底——"理"的敞开，这也符合胡塞尔建构现象学的初衷及现象学科学建立根据。所以教育现象的文本一旦完成了之后，它应该是一扇敞开的美好的教育之门和一个更美好的教育世界。

内化的字面意思就是"使本是异己的东西变成自己的"，所以真正通过教育现象学的写作，我们强调的就是把"自身"当作"自我"，从自我走向自身，所以福柯晚期的哲学有一个口号叫关心自身，他不强调自我，他要与之前强调自我构建自我、自我构建分我统一方面相区别。教育现象学构建的"自身"有两重意思：一是研究者放弃自我向文本开放，即向教育的"理"开放，成为教育的底——"理"的捍卫者和诠释者；二是师生放弃自我向文本开放，即师生在真理的感召下明明德、新民和止于至善，成为真理的守正者和创新者。教育现象学研究者通过写作构建文本，最终实现自身理解和自身建构，也是一个凤凰涅槃的过程。就像范梅南说的："我体验到孩子的生活比我自己的更重要，而其结果则是我必须更仔细地审视自己的生活。我必须质疑并改造自己的生活。……对孩子的教育已转化为自我教育。"简单的一句话，我引导孩子成长，并不仅仅是让孩子去成长，在引导孩子成长过程中，最重要的是我自己的成长。所以教育现象学就是要不停反思自己，使自己知道：基于对学生的好，我该如何采取适当的行为。

3. 叙述了什么？叙述是勾连行动和责任的纽带。叙述的东西要指引我们的行动，由此教育现象学的写作一是为了更好地指导研究者本人和读者的教育行动，二是为了更好地坚守教育的底——"理"的责任。教育现象学的研究就基于响应儿童好的规范，回应儿童恳求，将他们的各类的体验如其所是地呈现出来。只有这样，我们的教育才能开展更好的行动，这就是最后我们报告的结语。教育的"理"之于教育现象学研究具有开端和开始的意义。从开端看，教育现象学不从政治的"力"、经济的"利"、文化的"礼"开展研究，而面向教育本身即教育的底——"理"开展研究。从开始看，教育现象学不基于自然科学规律型"真理"：社会科学规则型"真理"开展研究，而基于人文科学规范型"真理"开展研究。基于教育的"理"的教育现象学研究关注"立在真理中的人"的共在共生。从共在看，真理让师生关系显现，即师生因听从真理的召唤而彼此相遇；从共生看，师生关系让真理显现，即真理在师生如切如磋、如琢如磨中"更上一层楼"。为此，师生的共在共生具有规范性、关系性、情境性和行动性四大特征。教育现象学研究，就是教育的"理"的显现：生活化体验是走向"理"的"世界"；事件化描写是呈现"理"的"历史"；意义化诠释是聆听"理"的"语言"。如果说，世界、历史、语言是"真理的存在"，那么，叙事化写作就是"真理的存在"，即写作是"光明与黑暗的游戏"。质言之，这四个步骤环环相扣且无限循环，正是在无限循环中，教育现象学研究即写作，写作即研究。

✐ 问答部分

- **提问人 1**：一直想对于教育现象学做点研究，今天这个报告解决了我很大的疑惑。不研究什么，研究什么，如何研究，在这三个方面，我有两个问题向您请教。第一个就是在您报告中讲到的不研究什么。您说通过一种还原的方法所要还原的目标是教育，根据现象学还原，必定要悬置一些东西，这个悬置会有一些等级，比如说我们说先验还原、本质还原，以至最后的原真还原，我就想问经济、政治、文化以及教育中间是不是有一个层级，如果有的话，是一个怎样的层级？第二个问题，在您报告的第二部分里面，您提到教育现象学研究什么？您提到学生是要作为一个要学者，教师要做一个要教者，老师是一个真理的引路人。如果把老师作为一个真理的引路人，其实真理就附着于老师之上，老师具有一种绝对高的地位，我的理解就是因为我们面向的是教育，教育本身是真理，与其说有一个真理的附着者，不如说老师就是真理本身，不知这个提法是否正确？

- **熊华军**：关于第一个提问，因为整个生活世界就是政治、经济、文化、教育四元共在的一种"镜式"的游戏，就像镜子一样，它能够反射，既然是反射，另外三者与教育之间就没有层级关系。你问的第二个问题，确实是发人深省，老师作为一个真理的引路人，这种提法到底成立不成立？我提到这一点，实际是基于海德格尔的思考，海德格尔将真理比做"林中空地"，有了空地之后才有光，有了光之后才有它的意义，正是在光与阴影之间的游戏之中，万事万物才能够呈现出来，这种"去蔽"与"解蔽"不是一时完成的，真理是一个无形敞开的过程。把教师作为真理的领路人，实际上也就给予教师主要的责任，教师已经得到了真理的启迪，却不是真理的占有者和权威者，他一定要聆听真理，要有一种谦卑的心态，知道真理的敞开的过程，引导自己的学生走在追求真理的路上。比如，德国柏林洪堡大学，是世界上第一所将科学研究和教学相融合的新式大学，拥有十分辉煌的历史，被誉为"现代大学之母"。在这里，教师是研究者，学生也是研究者，因为这两者为了共同的研究聚集在一起，"教研合一"，其成功之处就在于师生为进行真理的探讨而聚集起来，使大学真正成为追求真理的场地。"学术自由、教学自由、学习自由"的洪堡精神也影响到了几乎所有的现代大学。

— **提问人2**：我有两个疑惑，第一个就是想确认一下您讲的教育作为规范科学，其实质意义究竟是什么？第二个就是在您讲到"教化"的时候，实际上有两种意义上的教化。第一种教化指的是古希腊意义上的"paideia"，这是古希腊文化精神的代名词，是现代西方教育思想的源泉，其目的是提供优雅、美德、高贵和巧妙的品性，使儿童得到自然和谐的发展。第二种是在德语中的教化，即"Bildung"，而bild则是构形、图象，教化因而在此意味着构像，即赋予某种尚未定形之物以形式（form）或外观（eidos）。在您看来，这两种教化的使用有什么不同？

— **熊华军**：实际上我一直在琢磨这个问题，我是将"规范"作为一个定调，海德格尔说他的整个思想都是行走在思想规定的道路上，他将其理解为一个定调。我觉得现象学基于教育研究最大的一个启示，就是给你定了一个调，调子高低要靠自己去把握和了解，但是不管怎么体验、把握和理解，都是为了孩子。在马克斯·范梅南和李树英合著的《教育的情调》一书中可以看到，基于现象学，我们只能将教育研究的调子放到一个地方，其他的一些研究都要跟调子走。关于教化，我主要是基于伽达默尔的理解，强调的是在精神科学的建构中，精神科学"是随着教化一起产生的"。精神的存在与教化在本质上是分不开的：精神是教化的产物，没有教化就没有精神。精神离不开教化的孕育和培养，因为精神不是个别的，而是普遍的，这种普遍性是在教化中达到和实现的，它实际上就要找到一种整体性的东西，也就是我们所说的人之为人的一种根本性的东西。

- **提问人3**：教育现象学研究非常注重教育的特点和规范性。我想问一下，教育的规范性和教育实践的多样性是什么关系？

- **熊华军**：我刚才提到，基于现象学去开展教育研究就是用这个方法和思维去定一个调子，这个调子就是为了学生的好，要在这样的一个基本的调子下面开展实质研究、调查研究、案例研究和个案研究。现象学的奠基在这里就是定一个调子，要按照这个调子走，我们的研究才能被理解。

- **提问人4**：教育和强制之间的关系是什么，或者说强制在教育之中究竟起到什么作用？

— **熊华军**：其实我也遇到一个学生问这样的问题，在我们湖北老家有一句话：赐子千金不如赐子一名，就说一个好名字非常重要，现在我在课堂上来点你的名字，就是想发现这个名字背后父母对你的期望是什么？所以在这个地方我点名不是我强迫你来听课，我要通过这样一个方式，寻找名字背后蕴藏的期望是什么？我要跟着你这个名字，更好地调和教学气氛，引导你成长。实际上，只要你出于为学生好这样一个调子的情况，你采取的任何一种行动，都是可行的，这是我的回答。

— **李朝东**：现象学是一个非常开放的领域，提供一种方法和理论，更提供一种精神，由此构成一个非常开放的公共空间，我们每一个学科都能够参与到公共空间中来，比如艺术现象学、道德情感现象学、社会现象学、教育现象学等。这个过程一方面开拓了现象学的研究领域，另一方面使这些学科获得了一种现象学的研究方法和态度。在现象学和相关学科的发展过程，它们的影响应该是相互的，这才是真正的现象学的态度。我们的中和论道向任何一个学科领域开放，希望能够有更多这样的报告，能够在比较高的层次上来思考一些问题，比如说：我们可以讲科学，但是我们要在更高的层次上讲出道理来；要讲法律，就要讲出法律精神来。再比如，今天晚上华军院长的报告，他是作为一个哲学学科的专家在演讲，在演讲中，近代和现代以来的很多大哲学家都能成为他思考问题、理解问题以及讨论问题的思想资源，这一点非常难得。在报告和讨论中，华军院长提到，学生在校教育，教育者就是引路人，那么教育中的师生就是附身于真理中的人，但是我觉得在这里"真理"这个概念并没有得到非常好的定义和解释，你在报告中讲到一个是什么，一个是如何？海德格尔不太关心"是什么"的问题，我在一篇文章中提到，胡塞尔和海德格尔的两种不同的哲学，一种是"谓词"哲学，强调爱智慧的"爱"这个动词，一种是"宾词"哲学，强调爱智慧的"智慧"究竟是什么。从海德格尔的思路往下挖掘下去，你讲到教育就是一个让真理去召唤学生的过程，人的生命的过程就是趋向于真理的过程，人生的展开过程就是一个真理绽出的过程。但是如果在胡塞尔看来可能并不是这样，他们会展开争论，这才是哲学。但是作为教育者，我觉得应该超出具体的方案，把一些好的研究理论和方法拿来以后，更能够展示教育学科的包容性和开放性。

我认为华军的研究和思考，其实已经开始提出一些问题。在二三十年前，关于国家本位和教育本位，一直在讨论，但是近几年来这个问题讨论得比较少。有学教育学的同学们，可以继续去思考这个问题。此外，教育学究竟是不是一个规范学科的问题？按照亚里士多德的说法，实践科学才是规范科学，实践科学主要有三个，伦理学、经济学和政治学。伦理学为个人制定行为规范，经济学为家庭制定行为规范，政治学为国家制定行为规范，这就叫规范科学。规范科学就是建立一些规则，规定其主体什么可以做，什么不可以做，并且达到一种自觉。从教育学的角度来理解个体什么事情可以做，什么事情不可以做，这和伦理学就没有什么区别，因为伦理学是规范个人行为的，没有自由，就没有牵引力、方向和目标。但是完全抛开规范讲自由也不符合我们大学的建构，教育的目的是追求真理，如果以自由与个体本位追求自由使个人的生命不断敞开，在这个意义上，我们又如何把教育理解成为一个对象，所以我们把教育理解为在自由和规范之间，可能更有利于我们追问教育的终极目标问题。

— **姜宗强**：在这里，我还有两个问题，也希望华军老师能简单回应一下。

第一个问题，作为教育者，老师的本意是为了学生好，我觉得我对这个学生好，就要给他最好的，但是为学生好的目的，结果很有可能达不到对学生好的效果，这两者如何结合？

第二个问题是关于前设，因为任何研究可能都带有前设，你建构什么，研究什么，已经规定了前设，有些前设是偏见，但是有些前设恰恰是理解的基础，那么我们做研究的时候前设的作用到底是什么？

— **熊华军**：关于调子，或者是规范，在教育中到底有没有这样一个基本的规定性的东西？我觉得必须要有的。人之为人，肯定有他一个最基本的东西，教育之所以能与其他的学科相结合，肯定有自己的独特之处，其最独特之处就是有一群活生生的孩子，这样一群孩子在你的课堂上，他们没有选择，同时你作为一个老师也是没有选择地遇到了这样一群孩子，怎么办？把自己所有关于对孩子的期望，或者说将这些教育的东西抛弃掉，面向课堂上的每一个孩子，他带着自己的前见来，或者是说他在你的教育中，也对你的这样一个教化有不同的理解。教育之所以区别于其他学科，是因为找不到任何规则，我们必须老老实实基于对学生的好来做，通过交往，更好地引领他们朝前走。我认为这是教育学与其他的学科不同之处：第一个是要接纳；第二个要欣赏；第三个要创造，要引领着发展，做更好的自己。

关于做研究的时候要不要带前设的问题，根据伽达默尔的理解，任何一个研究都是视域融合的过程。我在引导学生写教育现象学论文，或者我们自己在做教育现象学研究的时候，我觉得前设是要有的。在教育学学科的研究之中，我们要把一些比较好的前见、传统和习俗搁置起来，因为在我们面前的，首先是这一群活生生的学生，我的理解是这样的，只不过在和孩子们打交道的时候，我也许带着我的个人理解去理解学生，但是一些学生也许会改变我的理解，让我更清楚地知道自己要成为一个什么样的老师。正因为如此，我们要对现象学进行教育学的再诠释。我们一定要根据我们教学自身，把现象学引进过来，成为一种地道的教育现象学。

— **姜宗强教授总结**：华军今天的这个报告非常精彩，在听的过程中，我就在思考，很简单的"听说读写看"，但是在他的角度讲就让我们思考到很多问题，他的报告不在于给我们什么结论，更重要的是给了我们很多的启发，比如什么是真正的教育，什么是自主的教育，什么是自己规定自己，等等。如果我们仅仅在教材和教育课程方面去理解，我们就会把教育限定在教育学和学校教育中，但是经过熊老师的解释，教育不是限制的课程教学和课堂教学，也不是小学、中学、大学教育，整个人生和整个生命其实都是一场教育。所以他要思考的是教育科学与教育哲学的关系。

第七讲

世界观的转变——从地心说到日心说

1. 什么是常识的科学观，事实、真理与方法？

2. 如何理解托勒密和哥白尼天文学模型中的"地心说"和"日心说"？

3. 从托勒密的"地心说"到哥白尼的"日心说"，世界观的转变动力是什么？

4. 如何正确理解科学精神与世界观？

🧑 胡朝都讲师（主讲人）

　　今天和大家分享一下我阅读和思考有关科学哲学和科学史相关领域的一些问题。对于这些问题的思考，我个人认为非常有趣，希望大家和我一样可以感受到这种乐趣。另外，我的专业不是科学哲学，所以较专业的老师来说，我是外行，因此，我的心情比较忐忑。为了这次讲座，我准备了四个方面的内容，分别是：一，基本概念的介绍；二，地心说和日心说（的对比）；三，世界观（从地心说向日心说）转变的动力；四，总结与展望。

一　基本概念的介绍

我讲的基本概念包括四个部分，就是常识的科学观、事实、真理与方法。

在常识的科学观中，科学和真理本身是等同的，科学是一种绝对客观的、价值中立且普遍有效的真理，是从事实当中确立起来的。从我们的常识当中可以看出科学、真理和事实这三者有一种关系，这种关系与我们以前所讲的通识教育中的科学史的发展也有一定的关联。当有人说科学的特别之处就在于以事实为基础时，这些事实被假定为是一些关于世界的主张，它们可以通过细致和无偏见的运用感官直接证实。科学是以我们所能看到、听到和触摸到的东西为基础的，而不是以个人的观点或推测性的想象为基础的。如果对世界的观察是通过细致和无偏见的方式进行的，那么以这种方式确定的事实将为科学构建可靠和客观的基础。如果推理使我们能从这些事实基础上推导出构成科学知识的定义和理论，而且这种推理是完备的，那么由此产生的知识本身就可以被看成是得到了可靠证实或客观的。在近代之前，我们普遍认为科学的基础是权威或者经典，只有当科学的基础建立在事实而非《圣经》或亚里士多德的个人权威的基础之上，科学才得到蓬勃的发展，常识科学观的内容，我主要是基于科学、事实和真理这三个方面来看。但是，进一步思考将会发现，科学、真理和事实，这三个概念之间的关系是具有高度误导性的。

　　常识的科学观涉及两个问题：第一，事实的本质以及科学家们究竟如何获得这些事实。第二，在获得事实之后，如何从这些事实当中推导出构成科学知识的那些定律和理论。我们关于世界的所有信息都是基于我们的五种感官，我们没有除了五种感官（即嗅觉、听觉、视觉、味觉、触觉）之外的其他感知世界的方式。在这五种感官之中，我将选取视觉为例，说明我们是怎么获得外部世界的信息。

　　作为人类，我们有共同的生物学构造，我们之所以通过视觉能看到外部世界的信息，在于我们具有"看"的能力，而我们具有"看"的能力，取决于我们的生物学基础。大致来说，光线进入我们的视网膜，通过视觉细胞再反射到我们的视觉神经，因此，我们可以获得关于外部世界的图像，这是一个大致的理解。假设我们在座的所有同学都具有同样的生物学构造，也就是说在视觉能力上，一方面我们具有同等的生物学基础，另一方面，我们观看的是同一个物理对象，我们将会得到什么？我们来看图1，这是一个非常有名的心理学实验，我不知道在座的诸位看到的是什么？有的看到的是兔子，但是有的看到的是鸭子；从一个角度可以看到兔子，换一个角度可以看

图1　鸭/兔图

到鸭子，这幅图实际上比较直接地告诉我们一个事实：虽然我们具有同样的生物学构造，但是我们注视同一个物理对象，并不能说明我们所看到的事实是一样的。

我们再看另一幅图（图2），我相信不同的人看到的还是不太一样。

图2　少女/老人图

有看到一个少女的形象的，有没有看到其他形象的？我们转换一下视角，我第一眼看上去是一个少女的图像，但是经过其他人的提示，可以看到老人。可能处于我们这个年龄阶段，看到老人相对困难一些。我们具有同样的生物学构造，我们的生物学构造基于同样的物理学原理，而且我们同样使用自己的眼睛来观看同一个物理对象，但是看到的事实并不一样：当不同的观察者注视同一个对象时，所观察到的东西并不仅仅是由他们视网膜上呈现的东西决定的。为什么要强调这一点？在日常生活当中，我们会有大量类似的经验：比如现在有一些理科生，当他们在做实验的时候，一个受过观察训练经验丰富的老手和一个未经训练的新手，当他们同样看载玻片下面的东西，或者他们看同一个数据的时候，看到的东西可能并不一样，而且在这里我想反对一种观点：同样的生物学构造和同样的对象决定了我们所看到的事实是一样的，只是从事后分析的角度来看，对于这些同样的事实，我们的解释是不一样的。刚才两幅图直接表明，我们看到的东西实际上是不一样的。

我们再举一个例子，假如你去体检，做了一个核磁共振或者CT，你拿着拍的片去找医生，我相信同学都能理解这种情况：通过同一个片子你所看出的内容和受过训练的经验丰富的医生所看出的内容，肯定不是一个内容，而且年轻的经验欠缺的医生和经验丰富的医生看出的也未必是一个内容，所以会有漏诊、误诊的可能。我们日常熟悉的这些东西，跟两幅图密切相关，我想说明的是这个结论：当不同的观察者注视同一个对象时，他们所观察出内容并非仅仅由他们视网膜上的成像所决定，通过上面这些内容，我们可以得到以下三个推论。

第一，未经反思的事实概念是模糊不清的。在我们的日常经验当中，我们可以使用大量看上去我们非常熟悉的概念，但是正如黑格尔所说，"熟知非真知"，这些概念一旦进入反思的层次，你可能对它感到无比陌生。熟悉德国哲学的同学们可能知道"时间"就是这样的概念。其实除了"时间"之外，日常生活中大量概念都有类似的特征，"事实"这一概念也是如此，这也是我们为什么把"事实"放在最早来讲，因为它是科学的基础，但是什么是事实以及它跟科学的关系不像在常识中那样一目了然。

第二，我们只有通过我们的五种感官才能获得外部信息，而且我们没有获取外部世界信息的其他渠道，但是，事实上这五种感官之间也是充满着冲突的。我说的不是不同人的同一感官，而是同一个人的不同感官之间的冲突。我们举一个常见的例子：在初中的时候学习几何学，几何学里有一个重要的公理，即平行公理。铁路运行所遵循的两条轨道是平行线，理性告诉我们，平行线不相交。但是假如你站在一个大桥上看着蜿蜒向远处的铁路，你会发现铁路的两条铁轨总是相交在远处的一个点上，我们的视觉和触觉在这里生了冲突，比如克莱因就认为欧式几何不是一种视觉几何，而是一种触觉几何。我想强调的是我们的触觉和我们的视觉起码在平行线和火车的轨道这种表现方面是冲突的。

第三，事实不是"你的事实"或者"我的事实"，而是"公共事实"。当我们谈到过程科学之基础和事实的时候，我们究竟在谈什么？这里有一幅图，见图3。

图3　月球的环形山

这幅图表示了月球的环形山，这里有两句话。一句是："月球上有环形山。"另一句是："月球上的环形山。"第一句话直接表明的是一个事实，后面一句话是指向事实的一个命题，在科学中所指的事实指的并不是本身的事实，而是可观察的事实，尤其是一个命题所涉及的事物的情况，也就是在科学中讲到事实的时候，指的并不是那个客观的事实，而是有关命题的事实。

从这里开始，我在讲事实的时候，指的是命题事实。科学理论的基础就是命题，命题的基础是概念。当你观察一个科学家工作的时候，假如科学家研究的是椅子，你不可能看到椅子或者凳子在他的头脑里进进出出。科学家在头脑中思考的是概念和命题，而非物质性的东西。我们究竟如何为科学确立一个可靠的观察基础，并不像在常识中一目了然。观察命题应该以适当的概念框架为条件，你所看到的东西不仅仅是由你的生物学构造和观察到的物理对象所决定的，同时，你能看到什么？除了这两个最基本的事物之外，还取决于你已有的知识储备，以及你当下的情绪状态、主观期望等，也就是我们在和客观事物的沟通过程中，事实并不仅仅是客观的，实际还掺杂了很多的主观因素。科学之观察的基础，并不像人们在广泛和传统上认为的那样直接和可靠。

我们首先要排除一个观点，事实是客观的，事实为什么是客观的？事实不是"你的事实"或者"我的事实"。对于科学家来说，所谓的科学事实应该是科学共同体内部共同认可的事实，但是事实是怎么确定下来的？假设在座的某一位同学是科学家，他在从事科学实验的过程中，通过理性设计的实验获得了数据，如果他获得数据的程序是可以公开和可重复的，并被科学共同体内部的其他成员所掌握，而其他的成员可以使用同样的操作程序来复现同样的结果，从这个角度来说，这个科学家通过科学实验所得出的数据是可以被检验的。如果它是经得起科学共同体的检验的，我们就说这种事实是客观的，但是一个事实它是客观的，并不意味着这个事实是正确的。我们再举个例子，伽利略曾经设想测算恒星的表观尺寸，为了测算，他设计出一套可操作程序：在望远镜的前面悬一根绳子，不断调整绳子的角度，如果绳子完全挡住了恒星，那么说明绳子的角度和恒星的角度完全一致。通过三角函数，我们就可以测出恒星的表观尺寸，在当时凡是受过教育的科学家都可以重现伽利略的操作方式。就此而言，伽利略通过这套操作程序所得到的数据和事实是客观的。但问题在于，一个事实可以经受住当时的科学共同体和当时实验技术的检测，并不意味着就可以经得起新的技术的检测。后来人们发现影响恒星表观尺寸的最大因素是行星大气，这个因素一旦被发现，就意味着伽利略的观测数据以及观测程序都是错误的。我所想强调的是，事实可以是客观的，这种客观来自事实可以被共同体内部所检测，可以被检测来自实验结果的可重复性，而这进一步来自操作程序，就是科学实验这种程序的可重复性。今天我们在这里所做出的实验，明天在那里也能做出来，所以科学的普遍性也就是无论何时何地何者的普遍性。当然这有非常严格的限定条件。另外，很多事实作为经验事实是可以被直接证明的，同时又在我们的头脑中根深蒂固，还有很好的证据可以对其进行支持。然而这些东西后来往往被证明是错误的，而这与我们今天所讲的主题有关。

我们再举一个例子，假如你是一个天文爱好者，站在户外观察太阳的轨迹，你会发现太阳每天从东方升起，在天空划过一道弧线后在西方落下，太阳每天东升西落是我们非常直接的经验，但是，我们把它视为直接的经验事实，并不意味着后来不能被推翻。现在我们把事实分成两种：一种是经验事实，经验事实是非常直接的事实，可以为我们的感觉经验提供直接的证据；另一种是概念事实，表面看起来是经验事实，有直接的证据支撑，但实际上它之所以被你视为事实，是来自你头脑中的其他信念。再举一个例子，在座的同学有些桌上有书，我问你——你的桌上有没有书的时候，假如你的桌子上有一本书，你可以确定桌子上有一本书是一个事实，这个事实是非常直接明了的，因为证据直接来自感觉经验，如果要进一步问为什么，就很难做出解答。因为这个是属于我们的感觉所直接证明的。假如把桌子上的书放在书包里面，书包里的书你看不见了，我相信我问你书包里有没有书，你可以说书包里有书，为什么？如果未经反思，我们会认为这是一个经验事实，但是书包里有一本书这个事实和桌子上有一本书，是截然不同的两类事实。如果我问你，为什么你把书放进书包里，你看不到了，摸不着了，意味着没有直接的经验证据所支撑，你还相信这个书包里有一本书吗？我们可以大胆猜测，实际上这来自你看待世界的方式，这种方式就是你相信一个物体不会平白无故地消失。这种观念实际上来自我们非常小的时候，大概在半岁以后发展出来的心理学中的一个知觉恒常性。在孩子五个月以前，这种知觉恒常的概念没有建立起来，他的玩伴如果突然消失在门后，他就会认为这个玩伴从世界上消失了。

我们再举另外一个例子，也是心理学家所做的实验，有一个口窄窄的杯子，但它比较高，还有一个口宽宽的杯子，但是比较矮。当把同样的果汁从一个窄的杯子倒入宽的杯子里，小孩会哭，为什么？因为他觉得杯子里的果汁变少了，但是当小孩跨过半岁这个阶段，知觉恒常概念发展出来之后，就不会再像之前一样看问题。在座的朋友可能会发现小孩特别喜欢玩躲猫猫的游戏，躲猫猫的游戏对他们而言不仅是一种游戏，而且是他们建立直接知觉恒常性的一个关键步骤，同时也是他确立认知这个世界的方式。这种确定的过程如此自然，以至于我们很少会进行反思，因为我们就是这样看待世界的，但是这样看待世界真的没有问题吗？让人意识到桌子上有一本书和书包里的一本书是两种截然不同的事实，这一点非常重要。因为在很多情况下，我们都会把事实视为一种由直接经验而来的事情，"地心说"莫过于此，但是随着技术的发展，我们更多地把"地心说"视为概念事实，而非经验事实。大家可能注意到我所使用的术语跟我们日常经验中讲的不太一样，也就是作为事实它本身是可错的，有一些事实在我们头脑中是根深蒂固的，同时又有很好的证据支持，但是后来发现是错误的，很多时候我们认为的事实是非常直接明了的，尤其是经历了科学革命之后，我们发现自己头脑中根深蒂固的事实并非那么一目了然。

我们刚才谈到事实概念，下面我们讨论科学哲学中另一个概念，也就是"真理"。我相信这个词大家可能非常熟，但是一旦进入哲学反思的层面，这个词可能会变得非常陌生。我们翻开任何一部词典，你可能会查到"真理"是怎么定义的，但是无论是中文词典还是英文词典中关于这类词条的解释，对我们今天的讨论没有丝毫的帮助，因为它们是循环的，为什么？当你谈真理的时候，什么是真理？答案是：真的观点。什么是真的？循环的定义不能给我们带来新的东西。如果不加反思的话会给我们带来一种虚幻的可靠性。在词典中"真理"和"真"这两个概念是相互定义的，而所谓的"真"其实就是我们刚才所谈的事实，所以，如果我们要对"真理"展开讨论的话，无论是经验中的还是词典上的，对于我们今天的讨论没有丝毫的帮助。

幸运的是，2000多年前，哲学家们就一直在思考这个问题，给我们今天的讨论提供了大量丰富的资源。

在进入这个主题之前，我先谈一个问题，以免引起大家的误解。今天所讨论的问题不是真理的认识论问题，而是真理是什么的问题，这是两个完全不同的问题。外面有一些树，有些是松树，有些是杉树，假如我们想知道哪些是松树，哪些是杉树，我们是如何获得这类知识的，这是属于真理的认识论问题，有很多可以让我们获取这种知识的手段。

今天我们所关心的主题是：真理是什么？即：是什么让真理成为真理。我们是如何知道外边有些是杉树，有些是松树的问题和因为什么成为松树，因为什么成为杉树这个问题是两个完全不同的问题。我们关注的核心问题是：哪些共同的要素使真理可以被称为真理？又是什么要素使一些观点被称为谬误？

关于真理的理论五花八门，我们今天讨论两种：一种是"真理符合论"，另一种是"真理融贯论"。所谓"真理符合论"，也就是说断定一个观点为真理的标准，就在于这个观点与事实相符合。我们今天认为"地球围绕太阳转"是真理，我们之所以认为地球围绕太阳转是真理，是因为在事实中，地球是围绕太阳转的，太阳围绕地球转，不是真理而是谬误，之所以是谬误，就在于这种观点不符合事实，真理符合论所指的作为判定真理的标准就在于观点和事实的符合。所谓"真理融贯论"指的是另一种理论，它判定一个真理为真理的标准，不在于这个观点与事实保持一致，而在于其与其他的观点保持一致。这是两种不同的理论。下面我们看一下"真理符合论"存在的问题。

如图 4 所示，当一个人看这棵树的时候，他的脑海里便呈现一棵树。假如"真理符合论"是正确的，你要判定一个观点是不是一个真理，就要把一个观点和这个观点所指向的对象进行对比，但是哲学家们对这个问题非常悲观。原因在于，人类所有关于外部世界的信息都来自我们的五种感官，以此我们无法走出我们的感觉世界，进一步说，我们的世界和真正的世界是隔离的。

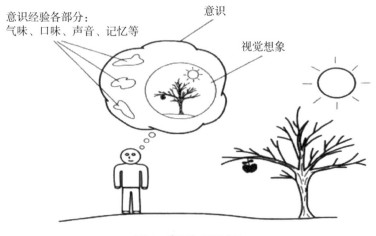

图 4　意识与视觉想象

我们再举一个例子，假设在我们的面前摆了一幅地图，我们要确定这幅地图是否正确，就需要把这幅地图和这幅地图所指向的对象进行比对，但是无论哪种方式，你所能做的比对，只能是把你的意识之中的这个对象和你意识之中的对象进行比对。也就是说，根据"真理符合论"，要判定一个观点是不是真理，就要对这个观点和这个观点所指向的对象（事实）进行总结，但实际上，你是不可能接触到这种事实的。关于这个问题我觉得康德讲得最好。康德在《逻辑学讲义》一书中讲道："人们说真理在于知识与对象的一致，因此依照这种纯然的字面解释，我的知识要作为真理，就应该与客体一致。但是，我之认识客体，只能是由于把客体同我的知识相比较。因此，我的知识应当自身证实，可这还远不足以成为真理。因为既然客体在我之外，而知识在我之内，则我能够判断的毕竟只是：我的客体知识是否同我的客体知识相一致。解释上的这样一个圆圈，古人称循环论证。而实际上，怀疑论者也总是指责逻辑学家有这种缺点……解决上述课题是绝对不可能的，对任何人都不可能。"我刚才在讲这些的时候，发现同学有惊讶的表现，问题在于，当你试图将你的观点和观念所推动的事实进行比对的时候，一旦你去采纳这种事实，你会发现，你所采纳的事实就变成了一种观点，这种事实不可能是独立于你的主观意识之外的，所以，凡是你所想、所思、所说、所言、所怀疑的一切，都是在你的意识之内进行的。这是"真理符合论"存在的一个重大问题。"真理符合论"是一种非常自然粗糙的观点，但是这种观点如此粗糙，以至于很难以相信受过良好训练的哲学家会为这种理论进行辩护。

下面我们看"真理融贯论"。"真理融贯论"实际也存在一些问题。首先"真理融贯论"有很多不同的版本。第一个版本是"个人主义"的版本，也就是说判定真理的标准是这个观点是否与其他的观点相一致。假如在座的同学有的相信这个世界是面条造出来的，或者相信月球上有居民，如果他所有的这些信念可以完好地拼合在一起，对于他来讲，他的观点就是真理，但是这种真理观是非常极端的，也是相对主义的。第二个版本是"团体主义"的融贯论。有些学者又把它称为科学的融贯论。在科学的融贯论里面，判定一个观点是不是真理的标准，不仅取决于这个观点是否可以和这个人的其他观点拼在一起，还得看他的观点能不能和科学共同体其他成员的观点拼在一起，科学的"融贯论"也存在很多问题。

科学的"融贯论"的第一个不足：假如在一个时代，科学共同体都犯错了呢？也就是说科学团体融贯论没有考虑到在一个时期所有的科学家集体犯错的可能性。"融贯论"存在的第二个问题是不能提出一个标准来划分哪些成员是科学共同体内部的成员，哪些是科学共同体外部的成员。第三个不足：在人类科学的发展史上，从来没有一个时期，科学家们持有一种统一的意见。大家知道古希腊时期在"地心说"时代，阿里斯塔克斯（Aristarchus，公元前315年~公元前230年）是人类史上有记载的首位提倡日心说的天文学者，他将太阳而不是地球放置在整个已知宇宙的中心。他的观点并未被当时的人们理解，并被掩盖在亚里士多德和托勒密的才华光芒之下，直到大约公元1525年以后（经过了大约1785年的时间），哥白尼才很好地发展和完善了阿里斯塔克斯的宇宙观和理论。在科学革命的时代，即便今天大家相信天圆地方的宇宙学模型，还存在一个"地平者协会"，去年还在美国出了四本书。问题就在于，是否有一个科学时期，所有的共同体内部的成员都持同一个观点？

鉴于这些科学理论存在的问题，当然我不是说"真理符合论"是绝对错误的，实际上"真理符合论"非常符合我们的直觉，而且在很多场合我们确定你的观点是否正确，就依据你的表述是否符合事实。问题是，一旦从哲学的层面上对"真理符合论"进行反思，就会发现其哲学基础是非常不可靠的。教条背诵可能是我们获取知识和安全感的一种方式，但是关于真理的实质和标准问题迄今一直没有得到解决。这是科学哲学中的一个重要问题。我没有给大家答案说我倾向于"真理融贯论"，或者"真理符合论"更为科学，哪种是更为科学的方法，实际上，这不是我个人的问题，而是科学哲学的问题。

下面我们看第四个问题，即科学的方法。在这里我强调一下，"科学的方法"字面意思是科学研究的方法，而不是科学方法。科学研究遵循的方法当然很多，比如类推法、演绎法、归纳法等，但是这些方法是科学研究中所采用的方法，当我们把这些方法视为科学方法的时候，同样具有很强的误导意义。科学研究中常用的有两种方法，一种是证实推理。我们举个例子，根据爱因斯坦的相对论做出一种预言，假如相对论是正确的，人们将会观测到光线弯曲，光线在大量天体物质附近受到了引力，会产生弯曲。这种预言是可以被检测的。对于这种现象，如果人们可以观测到，说明相对论是对的。

模型如下：

如果 T，那么得出 O

O（O 是正确的）

所以，T（非常有可能是正确的）

相对论作为一种理论，它的推断是光线弯曲，如果光线弯曲是正确的，很可能相对论就是正确的，这是一个证实推理。下面我们再看不证实推理。

不证实推理模型：

如果 T，那么得出 O

O 是不正确的

所以，T 是不正确的。

这是科学活动中常见的两种推理方式，实际上，证实推理的本质就是归纳推理，不证实推理就是演绎推理。

归纳推理和演绎推理有很多区别在科学活动中，从严格的逻辑学的意义上来说我们的很多论断是不能被证明的。所有的乌鸦都是黑的，来自一个归纳推理，见到了第一只乌鸦是黑的，第二只乌鸦是黑的，很多只乌鸦都是黑的，我们可以得出一个结论，所有的乌鸦都是黑的。如果有一天，我们见到有一只乌鸦不是黑色的，那么这个归纳推理得来的结论就会被推翻。科学的性质与这种归纳推理的方法有关，比如，逻辑实证主义认为科学是可以被证实的。假如科学活动大量依赖于这种证实推理，而证实推理又是基于逻辑学中的归纳推理，基于归纳推理的性质，一个科学理论是不可能被证明的。无论其被证实的程度有多高，也是不可能被证明的，原因在于科学所使用的方法，而这种方法的基础也就是归纳推理的方法。如果一个科学理论是不可能被证明的，那到底能不能被证否？不证实推理依据的是演绎推理，在演绎推理中，前提的真可以保证结果的真。科学不能被事实所证明，是因为归纳推理，基于不证实推理的演绎推理性质，一个科学理论是不是可以被证否呢？波普尔认为是可以的。

假设现在要做一个实验，这个实验是关于酒精的沸点。我们知道酒精在一个标准大气压下，当它的温度达到 78.5 摄氏度的时候会沸腾。在实验之前，你偷偷地瞄一眼教科书，在没有做这个实验之前，就已经知道了这个知识，当然它是以教条的形式展现的。对器皿加热，温度计指向 78.5 摄氏度刻度的时候，器皿里的酒精没有沸腾，我们想到的是什么？我们直接想到的可能是器皿的酒精装错了，是不是装成水了，或者温度计是不是坏了，再或者器皿是不是受到污染了？当我们在科学活动当中碰到了违反我们科学论断的检测结果，我们的第一反应不是直接推翻我们之前所得到的观点，而是重新检验我们的实验条件。在科学的相关活动当中，实际上有大量的辅助性假设。在牛顿之前，那些哲学家、数学家通过基本的原理可以测出各种星表，但是测量实际上都设置了某种条件。如果你不把这个模型简化的话，计算无法进行；如果你简化模型的话，这个数据跟我们真实的数据是不符合的。如果你非得用真实数据，计算无法进行，只有用简化的数据才能进行计算，但是简化的数据跟真实的数据并不符合。科学活动必须依赖于一系列的辅助性假设才能进行。所以科学家在进行计算的时候，他脑海中的地球或者太阳是一个有质点、有质量的几何学模型，这和我们日常生活经验中的地球和太阳不一样。实际上，如果你将之还原成一个真实的太阳和地球，科学活动是无法进行的，因此，科学活动有一个非常重要的前提，要依赖大量的辅助性假设。如此，关于不证实推理的模型，我们就得做出适当修正，修正之后它就会变成这样：

> 不证实推理：
>
> 如果 T，且 A_1，A_2，A_3，……，A_n，那么得出 O
>
> O 是不正确的
>
> 所以，T 是不正确的，或者 A_1 是不正确的，或者 A_2 是不正确的，或者 A_3 是不正确的，……或者 A_n 不正确的。

我们再举一个例子，牛顿的万有引力具有非常强大的威力。但是在牛顿去世半个世纪之后，人们发现天王星运行的轨道不符合牛顿力学计算的结果，当时的人没有直接说牛顿是不对的，他们假设牛顿力学仍然是对的，天王星运行的轨道之所以不符合牛顿力学的计算，在于天王星的运行轨道之外有另外一个行星，它的轨道对天王星的轨道产生了"引力摄动"。根据天王星轨道的速度，我们可以提前算出在天王星之外另外一个行星的位置。如果我们可以检测到另外一个行星的位置，这就意味着牛顿力学是正确的，而这种检测不光是一种检测，还是一种预言，就是海王星发现的过程。海王星的发现作为证实推理，证明了科学理论力量，即科学具有解释和预测的功能，这是关于科学的方法，我们就讲到这里。

二　地心说和日心说

下面我们来讲一下地心说和日心说。在讲这个之前，有些背景知识我想先补充一下。假如我们站在天空外，我们会发现四类现象。

第一类现象是太阳轨道，太阳轨道是我们日常中最为熟悉的轨道，它遵循的是每天从东边形成一条弧线，从西边落下去。春分，太阳的直射点位于赤道，此后逐渐向北移动。夏至，太阳的直射点正好在北回归线上，此后开始向南移动。冬至，太阳的直射点在南回归线上，此后向北移动。太阳是非常具有规律性的。第二类现象是月球运动。月球同样如此，月球阴晴圆缺等，月相变化的周期性也非常明显，大概以 28 天为一个周期。第三类现象是恒星轨道。恒星的轨道也非常有规律性，我们站在夜空仰望星空的时候，恒星不恒，恒星之所以是恒星，不是因为它不动。古人认为所有的恒星镶嵌在一个天球上，恒星与恒星之间的相对位置不变，恒星本身也在天上移动位置（自行）。所有的恒星都有自行，不过大多数恒星由于距离我们过于遥远，不能被我们察觉出它们的位置变化。第四类是行星，行星的轨道非常难以预测，而且每颗行星都有逆行运动，按照正常的规律，行星是从西向东，但是总有两年，比如火星，有几个星期它会从东向西，会出现不规律性。从太阳、月亮还有恒星的角度来看，天体的运行是非常有规律的，但行星并不如此，这给古人制定历法提出了很大的挑战。

托勒密在他的天文学体系中建立了一个以地球为中心的宇

宙论模型，但是严格来说，这被称为体系并不合适。因为在托勒密的天文学体系当中，并没有采用同样的方法来处理不同的星体，也就是说在不同的星体当中，它采用的是不同的方法，这个体系是拼凑而成的，但是鉴于它的伟大，我们还是用"体系"来说明托勒密模型。需要注意的是，托勒密的天文学模型，它实际上是基于亚里士多德的哲学，地心说和日心说本身不是世界观，而是世界观的一个构成部分。在不同的世界观中，地心说和日心说只是世界观的一个部分，而构成世界观的基础是其哲学观。在宇宙论和哲学观之外，还有大量的边缘的观念，在托勒密模型中，我们以火星为例，如图 5：

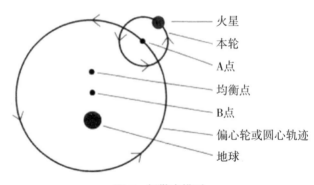

火星
本轮
A点
均衡点
B点
偏心轮或圆心轨迹
地球

图 5 托勒密模型

火星围绕着 A 这个点在转，火星的轨道就是一个小轮，它是本轮。本轮围绕大圆上的一个点运动，这个点也在旋转，它构成一个圆，这个圆叫均轮。如果地球在中心的位置，地球就是中心。实际上，在托勒密模型体系当中，地球并不居于中心位置。因为在托勒密的体系中，地球不是宇宙的中心。那么，将其改为"地静说"可能更为合适。火星沿着本轮旋转，本轮又绕着均轮旋转，B 点是一个中心点：假如地球在 B 点的时候，这就是一个本轮－均轮系统，也称本轮－均轮模型；如果不在 B 点，它就是个偏心圆的系统。在托勒密这里，它是一个偏心圆系统，均衡点是一个数学点，这个比较复杂，而且很难解释。这个其实对我们接下来要讨论的没有太大影响。我想请大家再看一下托勒密的模型，较今天的天文学模型好像复杂一些，因为它多了一个数学上虚构出来的圆。当我们说到哥白尼的时候，我希望大家对托勒密的这种火星轨道的模型有一个印象，这对我们接下来要讲的内容非常重要。为什么在托勒密的体系中，需要本轮－均轮模型？

这个模型非常复杂，因为本轮－均轮模型具有非常强的可塑性，你可以调整本轮和均轮的大小，也可以调整本轮、均轮的速度。调整后，它们的轨道会发生很大的变化。为什么要引入本轮、均轮，就是基于其巨大的可塑性，可以使建立在本轮－均轮系统之上的模型更符合我们日常中的经验观测。还有另外一种方法，就是在本轮上再加一个主本轮。这种不断添加本轮的方式，会导致我们的模型愈加复杂，但是其预测愈加精确。为什么要加本轮、均轮？这是让所有的哲学家和天文学家都感到非常头疼的一个问题，即"行星逆行"，见图 6。

我们利用这个模型来解释行星逆行，比如说火星，你会发现在 1~7 位置行星是顺行的，但是在 8~10 位置它就开始逆行，到 11~15 位置它又开始顺行。通过本轮－均轮系统，我们再来解释行星逆行现象就会非常便利。为什么托勒密体系要建立本轮－均轮模型这么复杂的系统？很简单，就是为了让这个模型符合我们的经验事实。

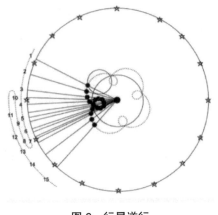

图 6　行星逆行

下面我们来看一下哥白尼的日心说理论，见图 7：

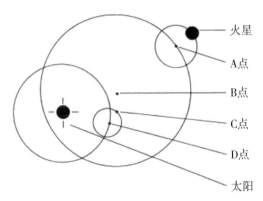

图 7　哥白尼天文学体系对火星的探求

在哥白尼的天文学体系中，本轮、均轮一个都不少。在这个体系中，同样以火星为例，火星围绕太阳动，它的轨迹是什么样的？火星在本轮上运行。A 点是均轮上的一个点，这个点又以 B 点为中心，B 点本身又在不断运动，它在运动的同时，与 C 点的相对位置保持不变。在我们以往的知识中，往往会认为日心说较地心说更为简单，但是实际上哥白尼的天文学模型要比托勒密的天文学模型复杂得多，他要引入更多的本轮和均轮。实际上，我完全看不出来哥白尼模型较之于托勒密的模型简洁优美在哪里。

哥白尼自身非常引以为傲的一件事情，就是他认为自己的天文学模型较托勒密的模型更简洁优美。而实际上，哥白尼在后期背弃了他的目标，他的天文学体系并没有比托勒密的模型简洁优美多少。开普勒的日心说模型的确非常简单，较之前所有的模型简洁，但是哥白尼的日心说模型与开普勒的模型不同，较托勒密的复杂，而且只有更加复杂，它才能达到跟托勒密一样的效果，为什么？我们回顾一下，我们在看到托勒密的地心说模型的时候，知道古希腊人有两个信念：第一，天体的运行速度是匀速的；第二，天体的运行轨迹是个正圆。我们深入了解托勒密的天文学模型之后，会发现对于这两个事实托勒密都没有给予足够的尊重。对于托勒密来说，他更关注的是如何更好地预测现象；对于哥白尼来说，天体一定是匀速运动，这一点是不容置疑的。天体的运行轨道是一个圆形也是不容置疑的。那么就解释度和简洁度而言，哥白尼没有做得比托勒密更好。就古希腊哲学家们所持的天文学信念尊重程度方面来讲，哥白尼比托勒密要强一些。

我们再看下面的问题，哥白尼在其天文学体系中是怎么解释"逆行运动"的？如图 8。

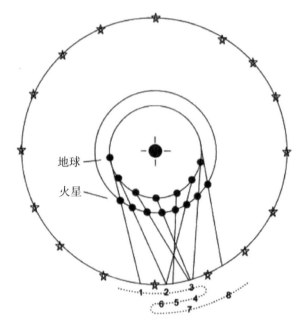

图 8　哥白尼天文学体系对逆行运动的解释

图 8 非常简单。我们做一个假设，假如我们在操场上跑步，我跑一圈你跑两圈，肯定有一段时间你较我是处于追赶的状态，你追赶我的这个时候就是你逆行的时候。对于哥白尼的体系来说，为什么火星会逆行？因为以它为中心，在轨道上，火星和地球它们运动的速度不同，当火星转两圈，地球转一圈，这个对逆行的解释是非常自然的，这一点哥白尼较托勒密来说解释得更好一些。

三　世界观转变的动力

地心说有三个基本观点：第一，地球的形状是圆形；第二，地球是静止的；第三，地球是宇宙的中心。

我们先看第一个观点，即地球的形状是圆形。有些人可能认为地球是天圆地方，但是天圆地方的说法在古希腊人那里肯定不对，起码在公元前 400 年以前，受过教育的古希腊人就知道地球是个球形，无论是亚里士多德的著作，还是托勒密的著作，都提供了非常充分的证明。

第一个证据是月食。月食的出现是基于月球、地球和太阳三个星体的相对位置，月球本身不发光，它反射的是太阳的光。如果地球把太阳遮住了，月球将处于地球的影子里，从月食中我们可以看出地球的形状，地球在月球上的投影是月食，它的形状是圆形。假如地球的形状是其他的形状，通过月食的形状，我们可以做其他的推断，月食是地球作为一个球形非常好的证据。第二个证据，当船向岸边驶来时，我们先看到船的桅杆，最后才看见船身。假如地球没有曲率，是一个平面，一入眼我们看到的就是船的整体，由远及近，会由小变大，但是我们看到的往往是船的桅杆。托勒密提出了一个类似的证据，当你看山的时候，你往往最先看到的是山峰，然后是山的全貌。托勒密的证据和古希腊人的证据实际上是非常类似的。第三个证据是北极星。假如我们的大地是一个平面，当你在看北极星的时候，无论处于哪个位置，你都会看到北极星在大地地面之上。古希腊人通过航行发现，越往南走，北极星越低，当经过赤道以后，北极星就会落在地平线以下，这也是支持地球是一个球形的很好的证据。这些证据即便是在今天，我们还在用，也就是关于地球是球形的观点，2400 多年以前的古希腊人和今天的我们没有太大的不同。

第二个观点，地球是静止的。地球为什么是静止的？托勒密在《天文学大成》一书中思考过地球可能是运动的，但是否定了地球是运动的可能性。第一个证据，我们通过日常生活知道，人跑起来会有风，对于古代人来讲，他们不知道太阳和地球之间的距离有多远。我们今天知道大概是 1.521 亿千米，古希腊人计算的结果大概是我们今天数值的 1/20。即便这样，古希腊人也知道，日地之间的距离是非常遥远的，地球一年要围绕太阳转一圈，我们在日常生活中都知道你跑起来会有风，跑得越快风越大，假如地球真是以这么快的速度在围绕太阳运行的话，我们为什么感受不到？所以这是基于日常经验的证据，证明了地球是不可能运动的，否则我们应该可以感受到风一样的感觉。这是一个不证实推理，不是要证实地球是静止的，而是要证明地球不是运动的，要排除地球运动的可能性。第二个证据，比如这一块石头，我们知道石头或者类似的物体，你推它，它动，如果你不推它，它就不动了。所以亚里士多德有一条非常有名的力学定律：力是物体运动的原因，如果这个石头再大一些，估计得用拖拉机才能把它拉出来。而我们知道地球本身是非常大的岩石，如果要推动地球需要很大的力，而地球没有被其他天体所推动，所以地球必定不动，这也是基于事实的证据。第三个证据，由托勒密提出，假设我们手上有一个物体，当你向上抛的时候，这个物体的轨迹是垂直于地面向上运动，到达一个顶点，会垂直于地面下落，最终落到你抛它的原点。古代人知道地球是一个球形，当你在往上抛物的时候，物体是垂直于地面向上运动的，反方向也是一样。所有的物体只要有运动，运动方向都会指向宇宙的中心。第四个证据，假如地球围绕太阳运动，在 1 月和 7 月观测恒星运动的时候，可能会出现一个小距离的角度差，但这个差我们是观测不到的，因此，无法观测到恒星视差是地球静止的另一个证明。我刚才提出这四点证据，都证明地球本身是不可能运动的。

第三个观点，地球是宇宙的中心。这是一个经验事实，每个人都非常熟悉，我们走出户外就能看到太阳每天东升西落，在我们的头顶划出一条弧线，而我们感觉不到地球在运动，那肯定太阳在运动，如果太阳在运动，那么地球在静止，它是一个基于概念性的证据。地球是宇宙的中心是亚里士多德的观点。在亚里士多德的哲学中，我们知道构成月上世界天体的和构成月下世界物体的其实是不同的元素。月下世界的构成对象是元素，有水、火、土、气等。地球主要是由"土元素"构成的球体，亚里士多德赋予它的性质就是向宇宙中心运动，因此这是一个概念事实。因为地球主要由土元素构成，而土元素本身也有向宇宙中心运动的天然趋势，所以地球一定是宇宙的中心。

刚才我所讲的是"地心说"的证据，下面我们来讲"日心说"的证据。

1609 年，伽利略把他的望远镜投向星空，他发现月球上有坑，这个坑就跟地球上的山谷一样。按照亚里士多德的观点，月上世界和月下世界是两个不同的世界，月上世界非常完美，遵循匀速圆周运动，月下的世界有生存毁灭，但是用望远镜一看，坑出来了，而且更值得注意的是，当时有非常知名的教会科学家，他们通过同样的程序可以复现伽利略所获得的证据，这个证据是教会也无法否认的。观察到月球上有坑，就说明亚里士多德的学说肯定存在问题，但是这个问题并不致命，我们可以适当地对亚里士多德的观点进行修正，从而使它可以适应我们的新观点。比如说世界分月上世界和月下世界，意味着我们所能看到的区域是月下世界，而看不到月球的另一个区域——月上世界，所以月球上有坑，作为一个证据只能证明亚里士多德本人哲学中的瑕疵，而不能说明地心说是不对的。第二个证据：太阳有黑子。伽利略第一次看到太阳上有黑子，这的确能证明亚里士多德的哲学观念是存在问题的，月上世界并不完美，当他把眼光投向土星的时候，他发现土星有个"耳朵"，今天我们知道，这是土星环，按照亚里士多德的观点，构成月上世界的元素是"以太"，月上世界的球体是非常完美的，但对土星的观测非常明确地表明，月上世界并不完美，这个证据和太阳黑子一样。第三个证据：当伽利略把他的望远镜投向木星的时候，他发现围绕着木星有四个小点时隐时现，通过坚持不懈的观察发现这些小点出现和消失是有周期的，这就意味着木星周围的四个小点，其实是围绕木星运行的卫星。在地心说中，地球是宇宙的中心，其他的天体围绕着地球运动，但是现在在月上世界，伽利略发现，起码有一个天体也是由其他的卫星包围着运动，如果真有中心的话，起码地球不是天体所围绕的唯一中心。第四个证据：金星相位，月食的出现是因为日、地、月三者之间相对的位置，金星同样如此。在托勒密的体系中，金星相位不会出现变化，但是在哥白尼的体系中，根据金星运行到不同位置，有时候离地球偏远，有时候离地球偏近，我们可观察到的表观尺寸可以达到8倍，很明显，它离我们近的时候亮一些，离我们远的时候暗一些；而同时金星是一个内行星，水、金、地、火、木是环太阳运行的行星秩序，它处于地球运行的轨道之内，这意味着金星、地球还有太阳相对位置的变化会导致金星相位的变化，这种相位的变化和月球的相位变化一样。在托勒密的天文学中是没有金星相位的，但在哥白尼的天文学中，可以预测金星相位，而且伽利略的观察和哥白尼的预测是一致的，因此这成为一个非常关键的证据。

上面我在谈到这个问题的时候，本来作为反驳哥白尼的恒星视差，随着时代的发展，随着新技术的发现，恒星视差被观察到了，又成为支持哥白尼的证据。

促使哥白尼提出"日心说"的动力究竟是什么？哥白尼出生于 1473 年，于 1543 年逝世，在哥白尼逝世的时候，所有这些证据都没有出现。伽利略在 1609 年第一次把他的望远镜投向天空，也就是说在哥白尼去世的大半个世纪中，都没有经验性的证据支持哥白尼的主张。同时，哥白尼的天文学体系比托勒密的天文学体系更加复杂，但是不优美，而且其预测也并不比托勒密的更好。《爱因斯坦文集（第一卷）》中，爱因斯坦提过一个问题，就是在小的时候他研究数学，后来立志于研究物理学，为什么？是因为当他研究数学的时候，数学的分支如此之多，以至于一个微小的分支可能导致他在其中经年累月而没有任何收获，后来他发现研究物理也是这样的。哥白尼为什么要花费毕生时光来构造一个解释得没那么好，也没那么优美，同时没有什么经验证据支撑的学说呢？

在我们传统的教育当中，科学与宗教扮演着互相对立的角色，但是在哥白尼的时代，有一个事实需要特别注意，1543 年哥白尼去世以后，他的《天体运行论》成为官方教科书之一，与托勒密的地心说一起成为天主教会研究天文学的指导教材，哥白尼是在去世之前才发表了他的《天体运行论》，他拿到样书没有？现在都是一个科学史上的趣话。他为什么不发表？有一种观点是怕遭到教会的迫害。

斯特隆伯格有另外一种观点：就是怕丢人。因为哥白尼在临终之前，当时的红衣主教不断督促他发表，为神圣的事业和科学事业做出一番贡献。刚才我们所举的所有支持地球静止的证据，哥白尼对此一个都反驳不了，为什么感觉不到风？他解释不了。为什么观察不到恒星视差？因为恒星离我们的距离太远，为什么抛出的这个物体会落在中心？如果地球是在运动的话，物体抛出之后，会立刻被甩在我们身后。不知道。哥白尼的回答就是不知道，他要把这个问题留给哲学家去回答。什么才是促使哥白尼提出日心说的动力呢？而且他花费毕生精力做这件事，我相信哥白尼构造日心说是有很强的使命感，为什么？通过对哥白尼原著的解读，我们可以得到一些答案，或者我们借助不同科学史家的解读，也能得到答案，当然不同的解读有些差别，比如，有一些科学史家认为哥白尼本人是毕达哥拉斯主义者，有些人认为哥白尼是一个新柏拉图主义者。在我看来，毕达哥拉斯主义者和新柏拉图主义者对于数学的态度是没有区别的，或者说基本一致的。如果借助科学史家的一些资源，我们再回头阅读哥白尼的原著，从哥白尼的叙述中可以看出他的毕达哥拉斯主义的成分或者新柏拉图主义的成分，那么他为什么要构造出日心说就不奇怪了。从这个角度来看，哥白尼提出日心说的动力源于他对于古希腊哲学，即毕达哥拉斯主义或新柏拉图主义的信仰。看到这里，我们再看《天体运行论》扉页上的第一句话：不懂几何者，请勿入内。这是一部天文学的著作，但是天文学的著作为什么要把柏拉图学院的一句话刻在上面？我觉得这个事情到这里就很容易理解。

我们再做进一步的思考，世界观的转变实际上是哥白尼的转变，"日心说"提出以后，没有人相信。第一，形式上不优美；第二，数学上的解释没那么好；第三，没有充分的证据。所以没有人会相信。17世纪，有一些传教士到中国，他们在阐述他们的见闻时，也没见他们谈日心说，日心说究竟是什么时候才确立它的地位的？是在开普勒之后，所以开普勒被誉为"行星的立法者"。

我们回过头再看一下，相对于托勒密来说，哥白尼本人更尊重"匀速运动"和"圆周运动"，就概念性成分而言，哥白尼的天文学体系中比托勒密的要更多。

究竟什么是科学精神？科学革命始于17世纪，是不是因为17世纪的人比古时候的人更聪明？显然不是。科学家往往把哥白尼的天文学革命视为近代科学革命的开端，就在于其中所恢复的这种数学精神。我认为，数学的精神是非常纯粹的不受经验限制的创造的精神。我们回头再读数学史、哲学史、科学史，你会发现它们的开端往往是一致的，就是泰勒斯。从这个层面来看，哲学精神、科学精神和数学精神是同一种精神，就是不为经验所束缚的自由的精神。为什么到了近代才产生科学革命？这是伽利略的贡献。古代人相信科学只能演绎出来，在我们今天看来，不是演绎科学的科学也是科学，进一步说，经验科学也是几何学的分支，算术、几何、天文学和音乐，就是纯粹的、静止、运动的和应用的数学。从古人对于数学在这些科学当中参与的因素，我们可以看出古人对于数学的重视程度，而正是对于数学的这种重视，引发了近代科学的革命。有学者在研究中国古代科学技术史时，会有一个问题，为什么中国没有产生近代科学？陈嘉映先生的回答是这样：我们发问之处，往往是在我们感到惊讶之处，但是当你环顾世界历史的时候就会发现，近代科学不仅仅在中国没有产生，在其他很多地方也没有产生，所以没有产生近代科学不是一件让人惊讶的事情。相反，为什么近代科学只在欧洲产生？这才是一个让人惊讶的问题。为什么？就源于在近代时期古希腊的毕达哥拉斯主义传统精神的复归。就此而言，近代产生科学革命的原因就在于数学。这里有一个例子，这是一个非常明显的天文学的问题，当然天文学的问题可以转化成一个物理学的问题，而物理学的问题最终可以被转化成一个数学问题。

如图 9 所示：我们看这个月亮 M，假如地球没有引力，月亮的运行轨迹将会沿 M 点切线到 P。

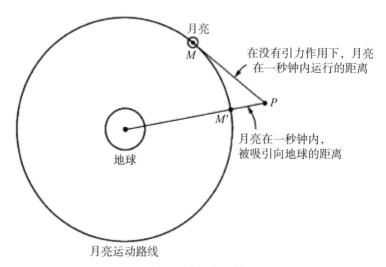

图 9　月亮运动路线

如果没有地球，MP 将是月亮运动所遵循的一条切线，但是地球的引力对月亮的轨道造成弯曲。轨道之间有一个差值，$M'P$ 就是一秒内地球对月球引力影响所造成的量，假如地球对月球的引力影响等于地面上任何物体在 1 秒钟受到地心引力的影响，那就可以证明，地球对月球的影响和在地球上任意空间受到地心引力之物的影响，使月亮不断围绕地球做圆周运动的力，和使地球附近的物体垂直下落的力是同一个力。如果可以证明这两个力是同一个力的话，那么地球附近的重力就可以推广到星际空间的万有引力，天上的规律和地上的规律就可以统一在一起。通过数学的方式，把天上和人间结合在一起，这是牛顿的贡献，但是其实这个贡献来自伽利略。伽利略之前的人是怎么思考这个问题的，比如说亚里士多德是怎么思考这个问题的。求真是人类的本性，而所谓科学的目的就是追求真理。可以确定，在不同的时期真理具有不同的意味。对于亚里士多德来说，如果对一个事物的了解达到目的因，我们就掌握了关于这个事物的知识。但是伽利略在谈到物体的时候，把物体视为一个量，它有质量，有时间、运动和距离，他开始通过数学来思考物质之间量与量的外在的关系，这种视角的转变是科学革命发生的一个重大原因。

刚才我们说，牛顿可以统一天和地，但是牛顿统一天和地的基础是要找出哪些是数学的量，哪些不是。如果是数学的量，意味着它们的关系可以被计算；如果不是的话，意味着不能。今天这几乎成为共识，也就是说，不能被纳入数学计算的对象，不能成为科学研究的对象。

牛顿的贡献在于统一了天和地，而基础在伽利略，他使我们不再以目的和本质的方式来思考这个世界，而是以数学的方式来思考这个世界。事实上，数学的关系在我们身边随处可见，我开始的报告是以"视觉"开始，我们现在以"听觉"作为结束。

视觉与听觉一样，都非常复杂，我们的生物感受能力大致是一样的。自然界中的声音是非常复杂的，以至于曾经有一个时代，科学家认为，声音几乎不能得到科学的处理，但是后来人们经过分析发现，任何复杂的声音都可以被还原为简单的声音，而任何简单的声音都可以被还原为一个正弦的三角函数，所有的声音都有四个特点：音长、音高、音强、音色，这四个部分在数学上都有相应的值。对声音采取数学的处理后，就意味着我们通过科学的方法，可以在乐器或谱曲方面做出很多工作，如果声音不能用数据来处理，电话就是不可能的，我们发明电话的意图是传播和再现声音，而人的声音不过是 800~3000 赫兹之间，沿这个方向进行处理就没有那么复杂了，电话的发明其实就是基于这个方面。在座的同学如果有音乐发烧友，在购买设备的时候肯定要看一下参数，比如说阻抗匹配功率等，这些东西就是客观的东西，而这些客观的东西是可以被数学所表现的。就此而言，数学可能并非让我们觉得非常枯燥的东西。我们的耳朵和眼睛所接触到的世界，处处蕴含着数学的成分，在我们的日常生活中，无时无刻听到的声音都是一种数学方程。

四　总结与展望

我们讲两个方面：一是世界观的表层含义，二是世界观的深层含义。当我们谈到世界观的时候，不知道大家可以想起什么，世界观跟哲学密切相关。哲学是系统的有条理的世界观、人生观和价值观。在哲学的领域中，不同的哲学家对于哲学，哪怕在不同的时期也有不同的理解；同一个哲学家在不同的时期对哲学也有不同的理解。当然，在不同的时代哲学也会被表述为不同的形态，科学其实也是这样的。为什么是这样？在亚里士多德的世界观中是利用目的来解释这个世界的。我们举一个例子，我们知道苹果核都在苹果的果实里面，但是苹果并不向苹果核提供营养，为什么？按照亚里士多德的观点，从目的角度来解释，凡生物都有繁衍本能，苹果核之所以在苹果的内部，就是便于种子的传播，这是一种目的性的解释。从演化论的方面进行解释，为什么苹果的核长在苹果里面，而苹果却不向苹果核提供任何营养？因为随着外部环境的变化，越来越多的苹果核长在里边的苹果被保留了下来，因此在自然界中发现苹果核长在苹果里面概率比较高。对于为什么苹果核会长在苹果里面的问题？基于亚里士多德的解释和基于演化论的解释是完全不同的两种解释。这来自完全不同的看待世界的方式，所以世界观跟哲学相关，表层含义是人们在认识这个世界的时候，头脑中所具有的一系列环环相扣、前后一致的概念或观念体系。

从更深层的角度来看，"世界观"不应该是一个名词，或者起码它不应该是像观念、信条那样的集合，而是我们得到这些前后连贯的观念体系的方式；不是信念，而是我们如何得到这种信念的方式，也就是我们看待世界的方式。就此而言，我认为世界观的深层含义更为重要，我觉得学习哲学是一件非常有意义的，让人自豪的事情，就在于通过哲学学习，可以不断反思自己的世界观，不仅仅是反思这个世界应该是怎么样，还要反思我们看待这个世界的方式是不是有问题，我认为今天这个问题特别重要。为什么特别重要？在今天这样一个技术的时代，我们获取信息的途径非常多，那么按照常识的观点，有海量的信息涌入我们的头脑，会使我们的视野更加开阔，然而资本基于逐利的本性，让你看到的并不是你想看到的东西，而是它想让你看到的东西。随着信息技术的发展，不同阵营的切割会导致我们所接触的信息沦为一个个信息孤岛。在这种信息孤岛中，你爱看什么，它就给你推什么，它很少给你推你所反对的东西。因此随着技术的发展，随着我们接受信息的增多，我们所得到的不是一个更为开放的世界，而是一个越来越封闭的世界。读书和学习本身，是为了让我们在一个开放的心态下，通过不断的信息积累和深度思考，重塑和反思以前的观念，从而使自己成为更好的人。但是随着技术的发展，我们如果对此没有意识的话，会变成越来越孤立、自负的人。所以，当今技术的发展和我们哲学的目的是背道而驰的，这是反思世界观非常有必要的地方。

最后，我们今天可以做什么？牛顿的万有引力相信大家都非常熟，假如我把这个东西拿起来，然后松手，它会掉到地上。为什么？大家知道是因为万有引力。我们举另外一个例子，这儿有两支笔，假如我们把这两支笔用一根橡皮筋缠起来，是什么使这两支笔在一起的？很明显是橡皮筋给这两支笔所施加的力。橡皮筋所施加的力，你是可以看到的；但是地球对它施加的力，你是看不到的。你认为使物体下落的万有引力是真实存在的，就像将这两支笔勾在一块的橡皮筋一样，意味着你是以现实主义的态度来对待它的。但实际上，牛顿本人从来没有以现实主义的态度来对待万有引力，他把万有引力视为一种解释和预测的数学模型。

我们再一次回顾科学的本质究竟是什么？很多科学大师都认为，数学在其中扮演着非常重要的角色，而数学是人类理性的骄傲，音乐是数学的奇迹。如果我们的背景知识多一些，所能体会到的数学之美就多一些，但是牛顿本人并不认为万有引力是现实的力，如果今天以爱因斯坦的广义相对论的视角来看，把牛顿的万有引力视为一种现实的力，就不对了。所以我真正想强调的是，我们目前仍然沉浸在牛顿的世界观之中，然而，随着量子力学的出现，今天我们的世界观依然需要变革，作为当代大学生，我们应该做什么？我认为最应该做的就是多读书，尤其是多读一些自然科学方面的书籍，对于"牛顿世界观可能并不符合这个时代"有一种自觉的意识，并自觉努力去变革我们的世界观，但无论如何，世界观的改变是有必要的。我觉得科学哲学是有趣的，所以我会谈这个问题，我们对其他资源的反思都将有助于革新我们的世界观。好了，我今天的报告就讲到这里，谢谢大家！

✍ 问答部分

- **提问人 1**：胡老师刚才在报告中提到一句话：现代科学是源于古希腊精神的复归。是否可以把这句话理解为：古希腊的理性精神引发了现代科学的产生。我想问的是古希腊的理性精神如何促使现代科学的产生？

- **胡朝都**：谢谢你的问题。其实我的意思是这样的，科学的精神实际上是数学的精神，这两者是一样的。近代科学革命的产生源于古希腊时期这种毕达哥拉斯主义精神的复归。在没有证据支持的时候，科学家依据的是概念事实，正好对应我前边讲的主题：你看到什么事实，取决于你有什么先行的概念框架，无论是在我们个人的认知当中，还在科学的高度和科学史的发展方面都是这样，这个是我的回答。

- **提问人 2**：您前面说如果我当下发现了一个现实的事实，经过反思以后变成某一个有理性和科学精神的内涵和理想升华的事实。但是我上一秒看到了事实，下一秒变成了一个非事实？这里面的过渡有一个关键的过程，这个过渡和标准怎么确定？

- **胡朝都**：我讲的东西你理解得可能不对。我们在生活中有大量的经验事实，这种经验事实是可以直接被感官所证明的，除了经验事实之外，还有大量的概念事实。因此很多事实，我们觉得是经验事实，但事后被证明其实不是经验事实而是概念事实，所以我的意思不是一个东西是怎么转变的，而是哪怕有非常好的证据佐证的这个事实，事后也可能被证明不是事实。在科学史的发展中，这种可能性是如何实现的？我举个非常明显的例子，地心说有一个非常明显的事实，恒星视差是一个支持地心说的经验事实，因为观测不到恒星视差，所以当时地心说被认为是对的，但是随着技术的发展，人类发现了恒星周年视差，所以它变成了另外一种事实，也就是说曾经被看作经验事实的东西后来也被证明是概念性事实。所以，你刚才问的问题，实际上对于经验事实和概念事实没有很好地区分。

— **提问人 3**：如果说人有接受内部材料的途径，声音可以转化为符号，所有的图像和符号都可以变成数学符号的话，那么人最开始出生，发出的声音是否可以成为被分析的数学符号？

— **胡朝都**：我来解释一下，我从来没有主张所有的东西都可以被还原为数学表达。的确，声音可以，但我可能忽略了一个问题，就是周期性的声音可以，比如音乐等。实际上，现实中存在着大量不能还原为数学方程的东西，而只有能被还原为数量关系的东西，也就是科学的东西才可以。我的兴趣是科学史和科学哲学，但我并不认为科学哲学本身就有非常高的价值。科学本身的发展证明人类理性方面有很高的价值。本来我们阅读和思考的目的就是让你以一种非常开放的心态成为更好的自己，不断重塑自身；但是，现在技术的发展却使我们越来越自闭，我们固有的观念会越来越强化。就这些方面来看，技术发展有些时候可能不是好事，但是科学本身没有问题。

— **提问人 4**：刚刚老师提到近代科学的源头之一是毕达哥

拉斯定理，是形式的数学，对比一下，我们中国有《九章算术》，也有很多老师关心李约瑟难题，那么刚才你讲的是否对"李约瑟难题"的一种解答？或者是否可以说"李约瑟难题"从根本上就是一个伪问题？

—— **胡朝都**：我觉得我刚才说得还蛮清楚的，我再说一下，李约瑟提出了一个伪问题，世界上很多国家都没有产生经验科学，所以中国为什么没有产生近代科学就不必惊讶。

—— **提问人5**：既然数学对于哲学和别的很多学科都这么重要，为什么我们今天的哲学好像是偏文科的，而不把数学加入我们哲学的课程中？

—— **胡朝都**：首先，一个理论是不是科学，与其是否正确无关。上海交通大学科学史系系主任江晓原老师曾经讲到，他们大学研究生考试的时候经常会出一个问题：托勒密的地心说是不是科学，为什么？实际上，他们把科学视为一种正确的，但是科学和正确本身是不搭界的，为什么这样说？假设有一个建筑是科学史馆，在科学史馆里面将没有任何东西，因为这里面的所有东西都是错的，包括牛顿、爱因斯坦、麦克斯韦等。今天我们已经接受了这样一个理论，就是"宇宙无中心说"，因为科学本身也是一个在不断发展过程中逐渐拓展我们认识的过程。如果一个理论跟正确挂钩的话，实际上正确答案的获得会意味着科学的停滞，恰恰因为我们是不可能穷尽所有的科学真理，所以我们人类的所有学科才可能不断发展，科学才会有进步。

— **李朝东**：非常感谢朝都老师的精彩报告。我们办"中和论道"的初衷是给大家提供一个开放的学术平台。在这个平台上，各种各样的知识可以让学有专长的人、不同学科的人，突破自己的视野来这个地方讲。中和论道实际上就是提供了一个知识展示的平台。希望不只是我们哲学学院的学生来听，别的学院的师生也能参与，这是大学面向学生开放教学的本质要求。李约瑟之问的实质是：为什么资本主义和现代科学起源于西欧而不是中国或其他文明？这种提问方式很有意思。

黑格尔曾经说过："一个民族除非用自己的语言来习知那最优秀的东西，那么这东西就不会真正成为它的财富，它还将是野蛮的。"为此他提出要"教给哲学说德语"。实际上，语言能力本身在起源和根基上是一种哲学能力，当然，要让哲学说汉语，这不仅是翻译的事，更是哲学思维本身的事。李约瑟在他的《中国科学技术史》第 3 卷中写道："当希腊人很早就仔细地考虑形式逻辑的时候，中国人则一直倾向于发展辩证逻辑。"这就形成了古代中国人善于辩证思维和冷落形式思维的民族思维特点，使中华民族形式化的逻辑思维方式相对比较缺乏。朴素辩证和抽象思辨的思考方式使中国人即使进入抽象的领域，也总是以诗性的想象代替形式逻辑的精确推论。而西方科学的发展是以两个伟大的成就为基础，那就是：希腊哲学家发明的形式逻辑体系以及发现通过系统的实验可以找出因果关系。古代中国不具备"形式逻辑体系和通过科学实验发现因果关系"这两个基础，所以中国古代的一切技术只能被归结为经验技术，而非科学技术。但是，逻辑思想是整个文明与科学极其重要的理论基础，缺失了这一点，科学革命和技术革新就很难落地生根。今天我们应当清醒地认识到，哲学界和整个学术界的缺乏学术规范性、缺乏理性思维基本训练的现状表明了我们在学习西方科学精神方面欠缺扎实的功夫。

事实上，技术的背后是科学，一流的技术依靠一流的科学，一流的科学依靠一流的数学，一流的数学依靠一流的哲学（纯粹哲学和纯粹逻辑学）。对于我们目前发展科学研究和技术创新的处境来讲，重要的就是要重新思考我们的文化和思维方式。我们的学生在大学教育期间，千万不要把学科分得特别详细，一定要有开放的视角和心态，如果我们的大学只是学了自己学科领域的知识，对于别的学科的知识置之不理，怎么能够培养创新型人才？大学要培养未来的科学家和思想家大师，如果做不到这一点，我们就没有办法立于世界强国之林，所以学哲学的学生，一定要学一些科学和数学，要培养一种开放的理念，哲学、数学、物理、天文学这些学科之间是什么关系，我们学哲学的同学一定要有清晰的认识，要努力在学科上把这些知识打通，才能够真正在大学里面受到教育和得到培养，否则，对别的学科的发展没有帮助，就只能是一种被动教育。

今天，朝都老师讲了科学哲学方面的内容，下一次讲座，我们想邀请物理与电子工程学院的段文山老师做一次学术报告。段文山长期从事理论物理研究，开展了关于非线性物理等理论物理研究，内容涉及等离子体物理、流体力学、纳米摩擦学、玻色－爱因斯坦凝聚等物理问题，我们也期待下一次的精彩报告。

- **杜海涛讲师总结：**当代著名的科学史与科学哲学家库恩曾经说过，哥白尼日心体系的诞生为"西方人知识发展的划时代的转折点"，因为它不仅是天文学基本概念的变革，而且是人对自然的理解的根本变革，甚至是西方人价值观念变更的一部分。今天胡老师从几个方面来展开自己的演讲：一是科学的一些基本概念，包括事实、真理、方法；二是地心说向日心说转变的过程，还有一些科学史的内容；三是从地心说到日心说转变的动力；四是科学精神与世界观，也就是他所期望我们对于科学的一种展望。我听完之后有两个非常深的印象：一个是胡老师对于科学史的积累很深厚，讲解中有很多事例并可以用大量的图片来说明他的观点，但是我要提醒大家，在看图的时候，不要忽略胡老师在第一部分讲的基本概念，因为这几个部分是相互呼应的，他第二部分提出世界观的转变，也有一种转变的隐喻，因为第一部分，他讲我们对于事实和真理的把握可能都要融合在世界观中。另一个是，他对于科学精神的理解和从更高层次上升华提出世界观的转变，都是非常到位的。

第八讲

上帝掷骰子吗？——爱因斯坦与玻尔的争论

1. 如何理解确定论与随机论？

2. 如何理解"三体问题"？

3. 如何理解"蝴蝶效应"和"混沌现象"？

4. 黑体辐射实验如何导致量子力学的产生？

5. 微观粒子的运动特性是什么？

6. 爱因斯坦与玻尔的争论实质是什么？

👤 段文山教授（主讲人）

　　今天报告的题目讨论的是世界是确定的还是随机的问题。关于这个问题，爱因斯坦与玻尔争论了一辈子，也供各位老师和同学们共同思考与探讨。我报告的内容分以下几个方面：第一，确定性与随机性问题。第二，关于三体问题。第三，蝴蝶效应与混沌。这三个问题作为前半场是经典物理学的内容。后半场的内容是量子力学的诞生、微观粒子的运动特性以及爱因斯坦与玻尔的争论等。所有这些问题都牵扯到一个共同的话题，就是世界是确定的还是随机的。

一　确定论与随机论

从牛顿开始，在经典力学体系中，物质运动状态随时间的变化遵循牛顿方程。牛顿方程是关于变量 t 的二阶全微分方程，方程的系数只含有粒子的内禀物理量——质量 m，一旦初始条件给定，方程将唯一地决定以后任何时刻的运动状态。现在假设有一个质点，没有大小，只有质量，如果给定了初始条件，那么由于受到的力是确定的，所以它的运动一定是确定的，不但是确定的，我们可以通过解牛顿方程得到它在任意时刻的运动速度和坐标。人造卫星绕地球旋转，发射到一定高度后，即它的位置被给定，在水平方向给一个速度，卫星就绕地球转动起来，在以后任意时刻它的位置和速度我们就知道了，也就是卫星在任何时刻所在的位置是确定的。

在 19 世纪以前，确定论占主导地位，有如下证据：根据牛顿的万有引力定律以及牛顿第二定律，我们可以求得行星绕太阳旋转的轨道；根据平方反比定律可以推算出行星绕太阳公转的轨道一般是个二次曲线（圆、椭圆、抛物线、双曲线），轨道是确定的。

八大行星绕太阳旋转的轨道都是椭圆，有一些彗星绕太阳旋转的轨道是抛物线或者双曲线。总之，关于这些二次曲线，如果我们通过天文观测得到它的三个点，它的轨道就确定了，这是数学定律。所以行星绕太阳旋转的轨道是确定的，通过这些定律我们可以预测哈雷彗星。另外，对日食和月食的预测，也是通过牛顿万有引力定律来进行的。海王星的发现也是如此。天王星被发现以后，通过牛顿定律与万有引力定律，可以算出天王星的轨道，但是算出以后，观测的数据在几十年之后差别越来越大。当时人们就怀疑，是不是牛顿定律错了，或者确定论是不对的。于是有人就开始重新计算，假设确定论是对的，万有引力是正确的，假设有一颗不知道的行星，对天王星有吸引力，它所有的参数我们都设成未知数，但是根据天文观测资料，我们可以在天王星的轨道上去取若干个点，取多少个点，就可以列多少个方程，通过这样的方式就把海王星的轨道算出来了。英国天文学家约翰·库奇·亚当斯和法国数学家勒威耶分别计算出来海王星的轨道，根据他们的结果，果然观测到了海王星。观察到结果后就更加坚定了确定论，亦即物体的运动是确定的，但是这还不够，我们只是说一个质点的运动是确定的，任何物体都可以分成许多的质点，每一个质点的运动轨道是确定的，所以物体的运动也就确定了。宇宙是由大量质点构成的，如果每个质点的运动是确定的，宇宙的运动状态也就确定了。

拉普拉斯说，给我宇宙现在的状态，我将告诉你宇宙的未来与过去。拉普拉斯作为确定论的坚定支持者，支持和阐述了牛顿的经典力学体系。牛顿的经典力学体系是利用描写物体运动的坐标与速度的初始条件和初始值，就可以确定地知道这个物体的过去与未来，也就是说我们物理学可以表示成一个完整的因果律的关系。比如：我们现在宇宙的状态总是确定的，这个状态可以作为原因，现在宇宙的状态就是以前宇宙状态的结果，是未来宇宙状态的原因。在物理学中因果律是确定的，任何事物都是有原因有结果的，这就是牛顿经典力学体系。这样看来，似乎确定论一定就是对的。

我们再看一个问题，我们在计算行星绕太阳旋转的时候，我们只考虑太阳对它的引力，比如说地球绕太阳旋转，我们只考虑太阳对地球的引力，但是为什么不考虑月亮对地球的引力？为什么不考虑火星、金星对地球的引力？因为它们的质量与太阳比是很小的，所以可以忽略。但是没有算，你怎么知道可以忽略？真实的答案是算不出来。这个问题怎么办？于是我们就提出了三体问题。

二 关于三体问题

三体问题是指三个质量、初始位置和初始速度都是任意的可被视为质点的天体，在相互万有引力的作用下的运动问题。

假设地球、太阳、月亮这三个天体，它们相互之间都有万有引力。现在我们来考虑一下地球的运动轨道，除了太阳对它有引力以外，月亮也有引力。我们就可以列出它的方程。

三个天体分别是一号、二号和三号。一号天体必须遵从牛顿第二定律，它的质量乘加速度就等于二号天体和三号天体给它的引力，而这个引力又与一号天体和三号天体的距离有关，但是这个距离始终在变，这个问题就很难求解。事实上，19世纪，借助牛顿定律和庞大的一整套数学工具进行的一切计算从未有过比2000年前由希腊和巴比伦的天文学家在观测月食时从经验得到的结果更为精确。

1885年，奥斯卡二世在特隆赫姆加冕为瑞典—挪威的国王，设立"N 体问题"奖。庞加莱对三体问题的解答是天体力学和物理学力学的新篇章，他开创了一个新的方向，即非线性科学——混沌学，并在此领域做出了非常伟大的贡献。实际上，庞加莱是继高斯之后又一个伟大的数学全才，他认为：三体问题无法给出解析结果，轨道是不可预测的，小扰动会极大改变长时间后的轨道，这其实就是蝴蝶效应。

比如，现在已经算出来地球绕太阳旋转的轨道，把月亮对它的引力同时也考虑了，两亿年后它在某一个地点，但是有很多因素不能穷尽去考虑，比如：一个 100 公斤重的流星撞到了地球这样非常微小的因素，是否考虑这一因素得到的结果差别如此之大，以至于很可能是几亿年后地球或者正常运转，或者撞向了火星，这就是庞加莱的结论。

太阳系由若干天体，包括八大行星，还有很多更小的行星组成的。实际上，经过现代科学计算得知：太阳系行星轨道不稳定，两亿年后行星轨道也不确定。

三　蝴蝶效应与混沌

1963 年，美国气象学家洛伦兹使用空气流体运动的简化方程组进行天气预报，用流体运动方程组来进行研究，对流体运动方程组再进行简化，就得到了这样的洛伦兹方程：

$$\begin{cases} x = P(y-x) \\ \dot{y} = R_a x - y - xz \\ \dot{z} = xy - bz \end{cases}$$

洛伦兹使用计算机进行天气预报，将各个地方的监测点上测得的风速、湿度、温度、压强参数等作为初始条件进行计算，这样，可以将任何时刻的天气状况都计算出来。实际上，洛伦兹计算方程时，第一次计算的结果与第二、第三、第四次……不一样，但第二次、第三次……第 N 次结果一样。为什么？洛伦兹研究后得知，将仅仅相差 0.0001% 的两个初始条件输入一个数学方程，计算得出的两条曲线不久后结果相差很远，以至于天气预报的结果可能会导致一个是晴天，一个是狂风暴雨。在一次会议报告中，他提出：天气预报对初始条件具有极为敏感的依赖性，小扰动会彻底改变长时间后的天气状况，比如海鸥扇动一下翅膀，天气本来是晴天，在很长时间以后就会变成狂风暴雨，所以，长时间后的天气预报是不可能的。

在后来记者采访他的时候，他就提到，计算机画出的曲线图很像一只蝴蝶，所以将此称为蝴蝶效应。

图 1　蝴蝶效应

蝴蝶效应指的是在一个系统中，初始条件下微小变化能带动整个系统长时间后巨大的连锁反应。这个问题和前面所提到三体问题在数学上是一样的，但是在物理上是两个不同的系统。实际上，任何事物发展均存在定数与变数，事物在发展过程中其发展轨迹有规律可循，同时也存在不可测的"变数"。一个微小的变化能影响事物的发展。在我们社会中有没有"蝴蝶效应"？其实到处都有"蝴蝶效应"。我们有人生轨道的、社会学的、经济方面的"蝴蝶效应"。假如：一对双胞胎所学的知识都一样，在高考之前，其中一人在家多背了三个单词，考试的时候多考了两分，被北大录取了，另外一人北大没录取，很有可能两个人最后的人生轨道就完全不一样，差别也是越来越大。实际上，蝴蝶效应有时候发生，有时候不发生，不是说一定会发生。那么，蝴蝶效应什么时候会发生呢？我们看一个例子，我们中国现在有 14 亿人，谁能预测一下 10 年以后中国有多少人，实际上，预测肯定是不准确的，因为一定会出现"蝴蝶效应"和"混沌现象"。

下面我们以混沌现象举例——虫口模型。

假设有一种昆虫，第 1 年的数量是 X_1，第 2 年是 X_2……X_n 就是第 n 年的昆虫数量，X_{n+1} 就是第 n+1 年的昆虫数量，昆虫的繁殖情况是下一年昆虫数量和上一年的昆虫数量相比呈线性增长的趋势。如果这样增长下去，数量就实在太多了，这种增长规律可能吗？显然是不可能。为什么？实际上，如果今年昆虫数量越多，明年的昆虫数量反而减少，因为资源有限，如果资源是无限的，昆虫数量的增长将永远是线性增长。所以我们就得到了这样的一个关系：下一年的昆虫数量是今年昆虫数量的正比例，另一个是非线性比例关系。如图 2。

比例常数 *a* 指的是环境对这个生物供应资源的丰富程度，a 越大，表示这一区域更适合昆虫生长，资源更多，食物更充足。我们现在给出计算的结果：若干年以后，在 1 区域，昆虫数量为 0，这是确定的，因为这个地方不适合昆虫生长；在 2 区域，

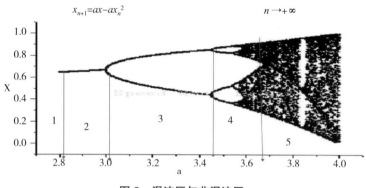

图 2　混沌区与非混沌区

是单值函数，也就是说每年的昆虫就这么多，是确定的；在 3 区域，两条曲线表示，如果今年昆虫数量少的话，就在下面那条线上，明年就到上面那条线上，这就是大年、小年的意思。今年小年昆虫数量少，这时候营养资源丰富，昆虫吃的营养丰富，产卵质量高且数量多，导致明年的昆虫数量增多等，这样的现象在我们社会现象中也是很多的；在 4 区域，是周期循环 1 次；下一个区域 5 区域，就是混沌区，混沌区域就是随机的，不可预测。昆虫的数量是多少都不知道，在黑色区域中，也可能是任选一条，随机到某一个点上，这个区域就可能出现蝴蝶效应，就是混沌区。所以，同样的系统，可能会出现混沌现象—蝴蝶效应，也可能不出现。至此，我们经典部分也就讲完了，得到了什么结论？我们的结论是这样的：尽管运动是确定的，却是不可预测的，也就是确定的随机现象，这似乎和确定论不矛盾。

但是我们真正的确定论的危机还在后面，后面我要讲的是 19 世纪之后的事，19 世纪是一个分界线。我们接下来讲第四个问题——量子力学的诞生。

四　量子力学的诞生

19世纪末20世纪初，经典物理学包括力学、热学、电磁学、光学、声学都建立了完整的理论体系，并取得了极大的成功。许多人认为物理现象的基本规律已被完全揭露，物理学大厦的牢固基础已经形成，以至于有人把经典物理学看成物理学的"最终理论"。1900年，著名英国物理学家开尔文在一篇瞻望20世纪物理学的文章中说道："在已经建成的科学大厦中，后辈物理学家只要做一些零散的修补工作就行了。"但是开尔文还同时提到一句话，这句话被载入物理学的史册，凡是讲物理的，特别是讲物理学史的，谁也不可能离开这两句话："在物理学晴朗天空的远处，还有两朵令人不安的乌云。"事实上，物理学的规律远未被完全揭露，在一些问题上，经典物理学遇到了许多克服不了的困难。这两朵令人不安的乌云是什么？其中之

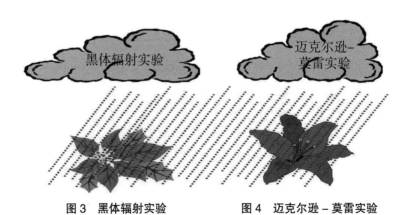

图3　黑体辐射实验　　　　图4　迈克尔逊－莫雷实验

一就是黑体辐射实验，另外一个是迈克尔逊－莫雷实验。后来的事实证明，这两朵乌云发展成一场革命的风暴，乌云落地化为一场春雨，浇灌着两朵鲜花。

实际上，这直接引发了两个学科的出现，即相对论和量子力学。关于迈克尔逊－莫雷实验引发相对论的出现这个问题，我们今天暂时不讲。我们主要讲黑体辐射实验引发了量子力学的产生。

在 1900 年之前，有很多科学家在研究黑体辐射，所有的物体都在发射电磁波，包括桌子、椅子都在发射电磁波。既然发射电磁波，我们物理学家就要想办法探测，但现在没办法研究，如现在研究桌子发射的电磁波，可能探测到的实际上是它反射的电磁波，因为辐射的电磁波很弱，但是反射的电磁波很强。

怎么办？我们想办法寻找一个物体，这个物体能够全部吸收投射在它上面的辐射而无反射，由于带小孔的空腔几乎可吸收入射于其中的全部辐射，所以可以把它近似看作黑体。黑体就是不反射电磁波的物体，这种物体辐射的电磁波就叫黑体辐射。当时实验物理学家就对黑体辐射进行了实验研究，得到了如下的结果：

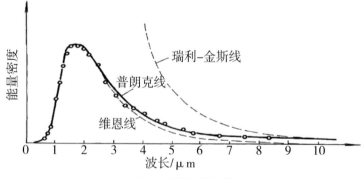

图 5　黑体辐射曲线

图 5 所示的所有圆圈表示实验结果。横坐标为电磁波的波长，也可以转化成电磁波的频率，纵坐标为发射的电磁波的能量。所有的波都有频率，频率就是一秒钟震动了几次，如果一秒钟震动超过 20 次，平均为 20 次，或者超过 20 次就能听到。对于我们电磁波也一样，它的频率意思也是一秒钟震动多少次。电磁波的波长或者频率是从 0 到无穷大，但是，我们可以看见的电磁波的频率非常窄，它的波长大概是从 400 纳米到 700 多纳米，波长乘以频率就是光速，所以频率也就算出来了。

1896 年德国物理学家维恩通过对热力学的讨论得出一个半经验的能量密度分布公式（维恩公式），但是，维恩公式则仅适用于黑体辐射光谱能量分布的短波部分，长波部分与实验曲线不符。

英国物理学家瑞利用统计力学与经典电磁理论于 1900 年推导出另一个分布公式，后由美国物理学家金斯于 1905 年做了修改，人们把这个公式称为瑞利 – 金斯公式。由经典的能量均分定理导出的瑞利 – 金斯公式在长波部分与实验相符，短波方面得出同黑体辐射光谱实验结果相违背的结论。也就是说，当时还未能找到一个能够成功描述整个实验曲线的黑体辐射公式，这暗示着经典物理学面临着严重的危机，被开尔文称为物理学晴朗天空的一片乌云。

1900 年，普朗克专门对此进行研究，获得了一个和实验结果一致的纯粹经验公式。1901 年他提出了能量量子化假设：辐射中心是带电的线性谐振子，它能够同周围的电磁场交换能量，谐振子的能量不连续，是一个量子能量的整数倍。

$$\in_n = nh\nu \,(n = 1, 2, 3, ...)$$

式中 v 是振子的振动频率，h 是普朗克常数，它是量子论中最基本的常数。根据这个假设，可以导出普朗克公式：

$$u(\lambda, T) = \frac{8\pi hc}{\lambda^5} \cdot \frac{1}{e^{\frac{hc}{\lambda kT}} - 1}$$

它给出辐射场能量密度按频率的分布，式中 T 是热力学温度，k 是玻耳兹曼常数。表示辐射场能量密度随波长变化的曲线同实验结果完全一致。

普朗克提出的能量子概念，也就说电磁波发射时的能量子必须是不连续的，必须是一份一份的整数倍的能量。能量子是振动的波还是实实在在的粒子？普朗克并没有说这个能量子指的是粒子。他是以太和波动说的支持者，他认为波动的"振子"是实在的。普朗克甚至认为"万物皆是波"。这是波动说的量子理论的基础。他第一次把分立的能量值的思想引入物理学，人类对自然界的认识产生了一个飞跃，普朗克也因做出这一划时代的贡献而获得了 1918 年度诺贝尔物理学奖。首先接受能量变化是不连续的这一革命性思想，并对量子概念的发展起巨大推动作用的是爱因斯坦。他对普朗克的发现给予很高的评价，他说："这一发现成为 20 世纪物理学研究的基础。"事实上，普朗克通过对黑体辐射的深刻研究而建立起来的公式是物理学的一个重大突破，他首次提出的量子论打开了量子力学的大门，开创了理论物理学发展的新纪元。

五　微观粒子的运动特性

在普朗克之后，第一个走进量子力学大门的是爱因斯坦，当时在物理学晴朗的天空还有一朵"乌云"，经典物理学无法解释，就是"光电效应"。那些频率高的电磁波如紫外线或 X 射线，照到金属上能打出电子，频率低的打不出来，当时的经典物理学对此无法解释。

在牛顿之前，有些人认为光就是一个个的颗粒，有些人则认为光就是波。牛顿则认为光就是一个个的粒子。托马斯·杨在物理学上做出的最大贡献是关于光学，特别是光的波动性质的研究。1801 年他进行了著名的杨氏双缝实验，发现了光的干涉性质，证明光以波动形式存在，而不是牛顿所想象的光颗粒（Corpuscles），该实验被评为"物理最美实验"之一。但是他的解释还是不够充分。

1905 年 3 月，爱因斯坦发表了《关于光的产生与转化的一个启示性观点》文章，他写道："在我看来，如果假设光的能量是不连续地分布于空间的话，那么我们就可以更好地理解黑体辐射、光致发光、紫外线产生阴极射线以及其它涉及光的产生与转化现象的各种观测结果。根据这种假设，从一点发出的光线传播时，在不断扩大的空间范围内能量不是连续分布的，而是由一个数目有限的局限于空间的能量子所组成，它们在运动中并不瓦解，并且只能整个地被吸收与发射。"爱因斯坦把这些能量子称为"光量子"，后来由莱维斯命名为"光子"。这里，爱因斯坦提出了光子的概念，并认为辐射场由光子所组成。他提出：光子能量大的时候，也就是频率高的时候，就可以打出电子。而且他做了推导，推导数据和实验结果完全符合。爱因斯坦的光量子理论不仅成功地解释了光电效应，更重要的是使人们对光本性的认识有了一个飞跃。爱因斯坦不仅把光看作一种波动，也看作一种粒子。光辐射本身就具有粒子性。也就是说光既具有波动性又具有粒子性，它是具有这两种特性的矛盾统一体，这是粒子说的量子理论。请注意，是量子理论而不是量子力学，量子理论不等于量子力学。

紧随爱因斯坦之后的是德布罗意和薛定谔。在光的波动和粒子两重性被发现后，许多著名的物理学家对此感到十分困扰。年轻的德布罗意却由此得到启发，大胆地把关于光的波粒二象性的思想加以扩展，他认为实物粒子如电子也具有物质周期过程的频率，认为所有的微观粒子都可以被称为波，并提出了德布罗意波（相波）理论，这一理论以后为薛定谔接受并建立了波动力学。

下面我们再来看牛顿的三棱镜实验，他的这一实验意义非常重大，可以和万有引力定律、三大定律、微积分并列为他最重要的四大贡献。实际上，牛顿后来在物理学、天文学以及光谱学上的很多发现都和这个实验有关。

下面我们来看这个实验。太阳光通过三棱镜之后可以变成7种颜色，不同的颜色代表了电磁波不同的频率，有人就很好奇，依照牛顿的方法继续做实验，将氢燃烧后发出的光通过三棱镜进行反射，得到的电磁波是单色的波，就是说，这个频率是确定的。实际上，所有元素的光谱是确定的，氢元素发射出的光，光谱线波长为 656.38 纳米。

1885 年，巴耳末（J. J. Balmer）通过对氢的光谱线分析研究发现氢原子燃烧后发射的电磁波的频率（即可见光的光谱线）满足经验公式，使用该公式和实验结果之间的误差不超过波长的 1/40000。

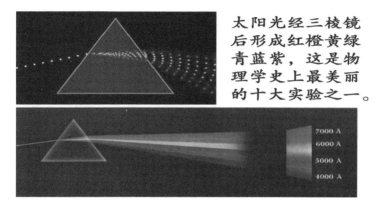

太阳光经三棱镜后形成红橙黄绿青蓝紫,这是物理学史上最美丽的十大实验之一。

7000 Å
6000 Å
5000 Å
4000 Å

图 6　氢原子光谱

后来,玻尔提出一个假设:在电子绕核旋转的原子模型中,电子在原子中只能沿着一组特定的轨道运动,这时电子处在定态,处在定态中的电子既不吸收也不辐射能量。受巴耳末公式的启发,他提出了"玻尔原子模型"。

在这个模型中,电子围绕原子核旋转,吸收一个光子,它的能量就增加了,从里面跳到外面,如果从外面跳到里面就是发射一个光子,光子的能量就等于两个轨道能量之差,轨道是确定的。据此,他得到的结果和巴耳末公式完全符合。他关于该理论的文章一经发表,就轰动了世界,奠定了他在物理学界的声誉。随后,他受邀到德国讲学,很多年轻的物理学家,诸如海森堡、泡利等人就追随他而来,至此,量子力学基本形成。

目前,人们把量子力学分为两个阶段,1900 年到 1927 年这段时间的量子力学被称为早期量子理论。问题是,这个量子理论并不是一个和谐统一的理论,而是由互不相融的波动说和粒子说两种学派或两种理论构成。波动说学派的代表人物有普朗克、德布罗意和薛定谔，他们认为量子是波。粒子说的代表人物是爱因斯坦和玻尔，他们认为量子是粒子。

1927 年，玻尔的哥本哈根学派成形，提出了建立在粒子说观点基础上的哥本哈根解释（诠释），量子力学正式建立。该解释认为量子是实实在在的粒子，代表人物是玻尔。事实上，在 20 世纪 60 年代以前，真正意义上的量子力学就是哥本哈根诠释（解释），哥本哈根诠释就是量子力学。

玻尔在量子力学发展的过程中的地位是大师级，为什么？虽然薛定谔的方程和海森堡的矩阵力学后来取代了玻尔的模型，但是当时所有的人，在量子力学建立的过程中，碰到任何想不通的问题都找玻尔，玻尔都可以做出解释和回答，这就是大师级的表现。有很多人和我们的观点是一致的，就是将物理学史前五位的大师名单定为伽利略、牛顿、爱因斯坦、麦克斯韦、玻尔，这基本上是不可动摇的。因为，量子力学的诞生和玻尔关系非常重大。

量子力学到底是什么？我们想象一下，假设有两条缝，我们把电子一个一个发射，电子既然是粒子，通过双缝以后，应该走直线，在后面的屏上应该看到两条直线，如果是一条缝，电子应该打出一条线，我们想象应该是这样，但是，真实的结果并非如此。如果电子是一个一个从双缝打进去，它们并没有走直线，而是在后面出现了波纹。实验结果告诉我们，必须要承认，微观粒子（原子、分子、电子、光子等）的运动轨迹不是直线，而是随机的。

结论：相同的粒子一个一个通过双缝以后，是以一定的概率落在不同的位置，尽管是以完全相同的初始条件进行发射，结果可能会落在完全不同的位置上，这就是实验的结果。

这个实验结果促使理论物理学家做研究。奥地利物理学家薛定谔受德布罗意物质波思想的启示，在1926年1月至6月，他以《作为本征值问题的量子化》为题，连续发表了四篇文章，通过对力学和光学的对比，建立了描述物质波的运动方程——薛定谔方程。该方程是量子力学的一个基本方程，其在量子力学中的地位和牛顿方程在经典力学中的地位一样。薛定谔只是建立了波动方程，而不是从更基本的原理出发导出这个方程。它的正确性只能由实践检验。从方程建立之日起，以薛定谔方程为基础建立起来的量子力学理论和方法经受了大量实践的检验，证明了它能正确地描述微观粒子的运动规律。

因此，人们就通过薛定谔方程进行检验和解释，得到的概率与电子落在那个板上的概率完全相同，概率就是可能性，粒子不走直线。电子在通过双缝的过程中，先通过了左边的缝，又通过了右边的缝。这表明，一个电子在通过双缝的时候，它同时通过两条缝，这就是叠加态。如果你一旦测量，波函数立即塌缩，它就落到一个点上，这又是一个结果。打个比方：一个电子如果从一个门里进来，朝向我而来，在没有到达我之前，整个在教室的到处都有它，但是一旦碰到我身上，就落到我这里。一个电子是粒子，但是进来的时候就是波，到处都有，进来的时候是叠加态，然后塌缩到一个点上。

人们把薛定谔创立的力学称为波动力学。薛定谔方程只适于低速运动的微观物。1928年狄拉克发表了《电子的量子理论》一文，建立了相对论波动力学。波动力学是描述微观物体运动规律的又一种系统理论，基本方程是微分方程，基本出发点是物质的波动性。于是在微观领域中，同时出现了两种理论——矩阵力学和波动力学。其实，早在 1926 年，薛定谔就证明了矩阵力学和波动力学的等价性。因此，人们把它们合称为量子力学。就这样，海森堡、薛定谔和狄拉克等人完成了量子力学的创建工作。

六　爱因斯坦与玻尔的争论

爱因斯坦的量子理论和玻尔的量子力学区别在哪儿呢？这个问题其实很难回答，因为，爱因斯坦除了提出光是一种粒子外，并没有构建一个系统的量子理论。爱因斯坦和玻尔唯一的共同点是两人都认为量子（光、电和亚原子粒子）是实实在在的粒子，两人都属于粒子说学派。除此之外，他俩没有任何"共同语言"。

量子力学诞生之时，爱因斯坦发表了相对论，已经奠定了物理学盟主的地位，虽然薛定谔的方程和海森堡的矩阵力学是真正的量子力学的基础，但是并不影响玻尔成为量子力学的盟主。爱因斯坦在建立狭义相对论和广义相对论而成名之后，下半生的工作好像就只有一件事儿，就是和量子力学的"正统解释"——哥本哈根诠释的灵魂人物玻尔进行论战。

在 20 世纪 60 年代以前，哥本哈根诠释代表了量子力学，量子力学就是哥本哈根诠释。爱因斯坦质疑哥本哈根诠释，本质上质疑的就是量子力学。这是不是太奇怪了。爱因斯坦被认为是量子力学的奠基人之一，为什么一位量子力学的先驱人物会质疑量子力学呢？

玻尔认为，如果量子力学没有震撼你，那么说明你还没有理解我们称之为真实的东西，都是由不能被视为真实的东西构成的。我们所谓的真实东西都是由微观粒子（电子、原子等）构成的。

爱因斯坦和玻尔对量子力学的看法是完全不一样的。他认为：量子力学肯定是勉强的。内心的声音告诉他这还不是真实的事情。这个理论说了很多，但并没有让我们更接近"上帝"的秘密。无论如何，他确信上帝不玩骰子。爱因斯坦的信念很坚定，在他看来，宇宙的未来早就是一个写好的剧本，宇宙将按一个剧本丝毫不差地演化下去，宇宙大爆炸之前，剧本就写好了。物理学家所做的工作就是要想办法破译密码，他认为宇宙最不可理解的地方就是宇宙是可解的。根据牛顿第二定律，任何一个初始条件下，它的解是唯一的，这一点是不含糊的。这也就意味着：世界是确定的。那么，爱因斯坦信仰的上帝究竟是什么？是宇宙规律本身。正因为这样，爱因斯坦开始和波尔发起了争论，两人的争论对物理学的发展起到推动作用。

1927年，第五届索尔维会议在比利时布鲁塞尔召开，会议的主题为"电子和光子"，会议的核心则是新生的量子力学。会议结束后，与会代表进行合照留念，拍下了这张"全明星"阵容。这个阵容足以影响全人类社会发展进程，照片里的每一个人所取得的科学成就对人类的文明进化史产生了深远的影响。

1927 SOLVAY CONFERENCE
The 1927 Solvay Conference in Brussels was an extraordinary gathering of famous physicists. Included in the photo are M. Planck, Mme. Curie, H. A. Lorentz, A. Einstein, N. Bohr, E. Shroedinger, W. Pauli and W. Heisenberg.

A. PICCARD   E. HENRIOT P. EHRENFEST   ED. HERZEN   Th. DE DONDER   E. SCHRÖDINGER E. VERSCHAFFELT W. PAULI W. HEISENBERG R.H. FOWLER L. BRILLOUIN
P. DEBYE   M. KNUDSEN   W.L. BRAGG   H.A. KRAMERS   P.A.M. DIRAC   A.H. COMPTON   L. DE BROGLIE   M. BORN   N. BOHR
   I. LANGMUIR   M. PLANCK   M. CURIE   H.A. LORENTZ   A. EINSTEIN   P. LANGEVIN   Ch. E. GUYE   C.T.R. WILSON   O.W. RICHARDSON
Absents: Sir W.H. BRAGG, H. DESLANDRES et E. VAN AUBEL

图 7　第五届索尔维会议合影

　　这张照片里 29 人，有 17 人获得过诺贝尔奖，大会的科学家虽然数量不多，却涵盖了当时几乎所有的物理学科，很多科学家在这场会议中碰撞出激烈的思想火花。本次会议也被称为"决战量子之巅"，大会的主角就是爱因斯坦和玻尔。荷兰籍物理学家埃伦费斯特这样回忆道：索尔维会议期间，爱因斯坦指出了波函数塌缩过程与相对论的不相容，这也是他第一次公开对量子力学发表意见。爱因斯坦的这一分析是关于量子力学与相对论的不相容的最早认识，他以"上帝不会掷骰子"的观点反对海森堡的不确定性原理，而玻尔反驳道，"爱因斯坦，不要告诉上帝怎么做"。爱因斯坦就像一个咄咄逼人的进攻者，玻尔则是一个见招拆招的守门将军。在三年后的第六届索尔维会议上，爱因斯坦带来了他策划已久的光子箱思维实验，重新向玻尔发难，把玻尔打了个措手不及。

上面的内容中，我们讲到了黑体辐射实验，可以说是物理学史上最重要的实验之一，下面我来讲经典物理学最美丽的实验——杨氏双缝干涉实验。

英国物理学家托马斯·杨通过实验观测到：将光束照射于两条相互平行的狭缝，探射屏显示出一系列明亮条纹与暗淡条纹相间的图样。我们可以这样理解：光透过两条细缝打到对面的探射屏上应该是两条明亮的竖线，实际上却是明暗相间的条纹。因为，从两个缝射出的光是扩散的，而不是直线的，其振幅和相位在空间上的分布不同。如果刚好是两束光的波峰或者波谷同时到达，相位相同的区域振幅相加，光强就会增强，呈现亮条纹；如果两条细缝射出来的光是一束光的波峰撞上另一束光的波谷，相位相差的区域振幅相减，就会显示为暗条纹。如此，在墙上就形成了明暗相间的条纹。这是波动说的决定性证据。再到后来，经过几代人的努力，到麦克斯韦、法拉第时代，特别是麦克斯韦直接从理论上推导出电磁波理论，通过麦克斯韦方程组推导出电磁波的波速就是光速。因为麦克斯韦的贡献是巨大的，这时候整个科学界就认同了电磁波理论。

后来，又有人继续进行这个实验，实际上是双缝实验的变种，要观察投射面的光斑分布，只要电子通过了遮板，要么从 A 缝通过，要么从 B 缝通过。按照传统理论推导，在投射面会形成两个均匀的光斑，因为每次只有一个电子通过，该电子无法与其他电子发生干涉。但是实际的实验结果让人大跌眼镜，就算每次只发射一个电子，在发射若干次后，投射面依然会形成明暗交替的影像，这就说明，每个电子似乎同时通过了两个缝隙，自己与自己产生了干涉。更为奇怪的是，依照量子理论，如果用记录器对双缝进行精确测量，以确定电子到底从哪个缝经过，则干涉条纹就会消失。换句话说，电子似乎能够知道自己被测量，一旦被测量则它只会从一个缝中通过，没有干涉发生，也就没有了明暗交替的光斑。更为奇怪的是，当电子通过双缝再进行测量，干涉条纹也会消失。

据此，玻尔提出了著名的"哥本哈根解释"。哥本哈根学派成为以玻尔领导的哥本哈根理论物理研究所为中心的理论物理学派，主要成员有海森堡、玻恩、泡利和狄拉克，创立了量子力学、矩阵力学、测不准关系（"原理"）和量子力学的统计解释。哥本哈根诠释由互补原理（即波粒二象性）和不确定原理构成。根据哥本哈根诠释，量子系统的量子态可以用波函数来描述，这是量子力学的一个关键特色。按照量子力学的解释，波函数是个数学函数，用来计算粒子（或是波）在某位置或处于某种运动状态的概率。未观测时，电子在两条缝位置都存在概率（叠加态原理）；一旦被测量了，不管是在双缝之前还是在之后，比如说测得电子在左缝位置，电子有了准确的位置，波函数在被测量的瞬间"塌缩"到了该点，原本的量子态塌缩成一个测量所允许的量子态。这是对该实验的一个粒子说解释。玻尔把观察者引入量子力学，使其与微观粒子的运动状态发生关系，但观察者和"塌缩"的解释并不十分清晰和令人信服，也受到很多科学家的质疑。

爱因斯坦认为无法接受概率论和测不准原理，更不接受测量行为"创造"了整个世界。他认为，一种完备的理论应该是遵守决定论的，而不应该是或然的、用一些概率的、不确定的语言表达形式的理论。如果一个物理理论对物理实在的描述是完备的，那么物理实在的每个要素都必须在其中有它的对应量，即完备性判据。当我们不对一个体系进行任何干扰，却能确定地预言某个物理量的值时，必定存在着一个物理实在的要素对应于这个物理量，即实在性判据，也称为实在性或"真实性"。量子力学（哥本哈根诠释）不能满足这些判据，所以这个理论是不完备的。

接下来，我们来了解一下"量子纠缠"问题。在讲量子纠缠之前，我先讲一下电子自旋。

因为地球在自转，所以它有角动量。我们物理学上都学过，只要有转动，一定有角动量，而角动量是一个矢量，角动量矢量的方向满足右手法则：大拇指与四指垂直，四指沿着转动的方向握紧，大拇指的方向就是角动量的方向，那么，电子有没有自转？实验发现，电子有角动量，既然有角动量，肯定有自转。但是这个看法对吗？人们发现，电子具有角动量，由此可以定义自旋（不是自转）的方向。因为，地球的自转是确定的，是个客观实在。电子的自旋不同于地球的自转，可能不是一个客观实在。

在任何一个方向上观察电子的角动量，它的自旋在任意时刻处于正自旋与负自旋的叠加态，即在任意时刻电子既逆时针旋转，又顺时针旋转（从某方向看可以定义顺时针为负，逆时针为正），它的角动量既是正的又是负的，同时处于叠加态。但是，到底是上自旋还是下自旋？经过测量，发现其要么是正，要么是负，意思就是，一旦电子被测量了，波函数就塌缩了，电子自旋就处在一个确定的状态。玻尔据此提出，在没有测量之前，电子的自旋处于叠加态，既上自旋，又下自旋。一旦被测量，电子自旋就处在一个确定的状态。

EPR 悖论是爱因斯坦、B. 波多尔斯基和 N. 罗森为论证量子力学的不完备性而提出的一个悖论，又称 EPR 论证。1935年，他们在美国《物理评论》第 47 期联合发表了署名的 EPR论文，在物理学界、哲学界引起了巨大的反响。他们试图利用一个思想实验来表明量子力学是不完备的。文章提到，设有一对电子 A、B，处于纠缠态，总角动量为零，然后分开。考虑一维情况，经过一段时间以后它们相距很远，比如 A 在 X 区，B在 Y 区。如果测得 A 电子是上自旋态，B 电子一定是下自旋态，则 B 电子不可能处于上自旋与下自旋的叠加态，叠加态原理不成立。亦即，如果对一个粒子进行测量的结果影响了它在别处的伙伴粒子，它们之间似乎存在着穿越时空的瞬时"信息"，或称其为"超距作用"，因此违背了因果律。

在欧洲的玻尔看到了这篇文章，写了一篇相同题目的论文，文章提出：EPR 实验逻辑严密，但是有一个错误，测量 A 电子会影响 B 电子的状态，测量 B 电子会影响 A 电子的状态，两个电子是一个整体，处于纠缠态。无论它们有多远，测量一个会立即影响另一个。

爱因斯坦反问道：A 电子和 B 电子难道出现了超光速通信吗？这违背了相对论。他对玻尔的回答非常不满意。

玻尔的再反击：没有违背相对论，无超光速通信，两个电子是一个整体，在没有测量之前，它们不是一个客观实在。

实际上，对于这场持续了近 40 年的争论，特别是 EPR 悖论的争论，从基本观点来说，谁也没有说服谁。后来，有人想将上述 EPR 理想实验推进到真实实验，以此来证明孰是孰非。

在爱因斯坦和玻尔相继离世后，英国物理学家约翰·贝尔根据隐参量的量子理论从数学上推导出一个关于远隔粒子量子关联的定量不等式——贝尔不等式。贝尔是拥护爱因斯坦的，他认为爱因斯坦的理论是对的，就要想办法进行证明。贝尔不等式如下：

$$\left| P_{xz} - P_{yz} \right| \leqslant 1 + P_{xy}$$

如果爱因斯坦的世界观是对的，那么通过测量，一定满足贝尔不等式，如果贝尔不等式不满足，那么说明玻尔是对的。也就是说，一个非常抽象的思维中的实验可以转化为在实验室进行的实验，这个过程非常复杂，如何转换？实际上，正是由于贝尔的工作，人们才有可能设计真实实验来检验 EPR 悖论的争论。1982 年，法国的奥赛理论与应用光学研究所的阿斯派克特小组通过实验和大量的实验数据证明玻尔量子论是完全正确的，爱因斯坦完全错了。这个结果出来以后，物理学界一片寂静。但是，人们如果引入非决定论的随机性，便可导出贝尔不等式。所以，上述实验只是说明了量子理论是超距关联、非定域的，而没有确定量子理论是决定论的还是非决定论的，也就是说微观世界因果律是否成立还没有盖棺论定，EPR 悖论的争论还有待人们进行更深入的研究。

✍ 问答部分

- **提问人1**：您认为随着技术的发展，有没有可能会出现蝴蝶效应，一切都可以预测的情况？

- **段文山**：理论上来说是可以的，因为它是确定的随机论。但是，混沌理论中的随机特性表明，确定性系统也是不确定的，它对事物的认知不再是一个精确的数据，而是一组可能性的组合。随机性是普遍存在甚至可起支配作用的，确定性反而是个别的，这恰恰与严格决定论对确定性的信念倒置。"蝴蝶效应"是一种非线性因果关系，这也标志着确定系统的长期可预测性失效。另外，统计规律认为，"必然性通过大量偶然性表现出来"，即个别微观粒子的运动是随机的，但大量微观粒子的宏观状态却具有统计规律性。与之不同的是，混沌学提供了偶然性表现必然性的一种新形式。就其不可预测性来说，混沌是随机的、偶然的；但就其空间的有序结构而言，它又是确定的、必然的。混沌所表现出来的必然性，是其自身直接呈现出的一种规律性，并不是通过统计规律性表现出来的。必然性与偶然性共存一体，互相包容，在一定条件下相互转化。所以，有学者称之为"确定性的混沌联系"。

- **胡朝都**：这个问题我想做一下补充。刚才这位女同学的问题，实际上明显是在爱因斯坦的世界观立场，也就是一种确定论的世界观立场，爱因斯坦的世界观其实还是经典力学的世界观，量子力学带来的是与确定论完全不同的世界观。如果按照经典力学的世界观，随着对于初始条件的精确把握，我们的预测数据越来越准确，因此未来之所以是可以预测的，是因为我们目前观测的技术不够先进，随着观测手段的技术进步，我们会越来越清晰地在未来找到准确的结论，然而量子力学的分析是不同的，也就是我们对于世界未来的把握不是准确的，这不是因为我们现在的技术手段的限制，而是基于科学原理的限制，我们在观测到这个世界的时候，包括段老师刚才讲的实验中，有观察者和没有观察者所观察到的现象是完全不同的，比如数据观测。也就是在科学活动当中，一定会有一个科学的主体存在，而主体本身对于科学的观测的结果是有影响的，而这种影响是原则性的，不仅是技术手段。依此而论，蝴蝶效应作为一种科学原理是原则法则，不是手段法则。这种世界观表明世界本身就是随机的，但不是那种完全不可预测的，而是预测要建立在概率论的基础上。

- **提问人2**：电子构成了人的身体，按照量子力学的解释，是不是在很远的地方，还存在着一些和我们体内有些纠缠的电子？如果是这样的话，我们主观思维和思想是否由和我们相隔很远的地方的电子对我们的影响决定的？

- **段文山**：我认为你的问题是不存在的，简单地说，你就是你，不存在遥远的地方还有一个对你有控制影响的你或是微观粒子。实际上，量子纠缠是粒子在由两个或两个以上粒子组成的系统中相互影响的现象，虽然粒子在空间上可能分开。爱因斯坦的原意是用粒子之间的联系反驳量子理论学，但当薛定谔创造出"纠缠"这个术语时，量子理论学家的大脑被点燃了。薛定谔说："我不会将'纠缠'称为量子力学的特性之一，因为'纠缠'

是量子力学的唯一特性，正是这一特性将量子力学从古典思维方式中完全剥离出来。"虽然纠缠能使信息从 A 点瞬间转移至 B 点，但这个信息却是随机的，且处于我们的控制之外。这一事实并不能带来任何有用的信息，因为它只是描述了一个自然的随机事件，并非我们想要传递的信息。我们刚才提到，爱因斯坦认为，宇宙的剧本已经写好，只是他的一个信念。但是，根据现在物理学发展进程来说，没有你说的这种问题。

- 提问人 3：谢谢段老师！我是数学专业的，您刚才讲到的电子的叠加态，高中的时候学物理，老师讲过"薛定谔的猫"的实验，讲到放射性物质衰变并释放出毒气会杀死箱子里的猫，在箱子打开之前，猫会生死叠加，处于既生又死的状态，我就想问一下，这种打开箱子之前的情况到底是猫的叠加态还是电子的叠加态？

- 段文山：宏观物体和微观粒子是有区别的。"薛定谔的猫"是由奥地利物理学家薛定谔于 1935 年提出的有关猫生死叠加的思想实验，是把微观领域的量子行为扩展到宏观世界的推演。实际上也总结了经典物理学、量子力学哥本哈根解释、量子力学多重世界解释三者的差异。通常，微观物质以波的叠加混沌态存在；一旦观测后，微观物质立刻选择成为粒子。实验假设在一个盒子里有一只猫，以及少量放射性物质。之后，放射性物质将有 50% 的概率会衰变并释放出毒气杀死这只猫，同时放射性物质有 50% 的概率不会衰变而猫将活下来。根据经典物理学，在盒子里必将发生这两个结果之一，猫要么就是死了，要么就没死，我们只要打开箱子看看就知道了。量子力学哥本哈根解释说，此时猫的情况是一种过渡状态，呈现这种状态的波函数包含猫死的可能性，也包含猫不死的可能性。我们打开箱子以后，这两个可能性就一个成真，一个消失。这就叫作波函数的崩塌，因为，波函数里面代表那个未发生的可能性的隆起崩塌了。我们必须向箱子里面看，才会有一个可能性发生，这之前有的只是一个波函数。但是，常识告诉我们，我们放进去的是猫，实验之后，里面还是猫，不是波函数。唯一的问题是猫是死的还是活的。这也是古典物理学的观点，我们观看一件东西因而得知一件东西。但是根据量子力学，我们观看一件东西，因而才"有"一件东西。所以，猫的命运是我们向箱子里面看时才决定的。

量子力学哥本哈根解释和量子力学多重世界解释都说，对我们而言，猫的命运要到我们向箱子里面看时才决定。可是看箱子以后会怎样，两者的说法却不一样，这要看我们遵循哪一个解释而定。若是根据哥本哈根解释，就在我们向箱子里面看的那一刻，代表猫的那个波函数所含的可能性之一实现，其余的消失。猫不是死就是活。若是根据多重世界解释，就在放射性物质衰变的那一刻，这个世界便分裂为两个，每一个各有一个猫的版本。代表猫的波函数并不会崩塌，因为猫既死又活。除了这个之外，就在我们看箱子的那一刻，我们的波函数也分裂为二。一个与猫死的实相分支相连，一个与猫活的实相分支相连。两者的意识都不知道对方。经典物理学认为世界就是看起来的这个样子。量子力学则容许我们保留一个可能性，说这个世界不是这样。量子力学哥本哈根解释规避了"这个世界真正是什么样子"，却断言，这个世界不论真正是什么样子，总不是实存的。量子力学多重世界解释则说，我们有许多版本的自己同时活在许多个世界，数量很多，全部都是真的。

- **提问人**4：什么是电子，什么是量子，在我们的物理学划分中，有没有量子这个层次，是在哪一个物质结构层次上来划分的。

- **段文山**：电子完全是通过实验间接得出的，1897年，英国物理学家约瑟夫·约翰·汤姆生在研究阴极射线时发现了电子，在实验中测得了电子的质量（约为氢原子质量的1/1840），运动着的电子具有动量，表明电子是微粒；此外，电子穿过晶体粉末时会产生衍射现象，这说明电子像光波的传播一样具有波动的性质，可见电子的运动同时兼有粒子和波两种运动的特性，亦即电子具有波粒二象性。波粒二象性是微观粒子运动的一个共同的基本特征，也是它们区别于一般宏观物体运动的显著的特性。所以电子的运动规律不服从研究宏观物理现象及其规律的经典物理学，不能用经典力学来描述。

原子、原子核、电子等这些构成物质的微粒，是我们感觉器官不能直接感觉到的微小物体，称为微观物体。研究微观物体运动的物理现象的规律这一门科学被称为量子力学。量子力学是在量子论的基础上发展起来的，物质的物理性质，诸如能量、动量、角动量等可统称为"力学量"，微观物体的力学量和宏观物体的力学量之间有着极大的差别。宏观物体的力学量可以取任何数值，而且它们的变化是逐渐的、连续的；但微观物体的力学量的变化却不是连续的变化，而是以某一最小的单位量作跳跃式的变化。例如原子中电子的能量变化，只能从一个能级变化为另一能级，两个能级之间则不能存在连续性的变化差别。微观物体的力学量这种不连续性和跳跃式的变化称为"量子化"，这种跳跃式变化的最小单位量就被称为能量子或量子。量子数就用来确定它们可能具有的数值。按照物理量的性质，量子数可以是整数或半整数，有的只能取正值，有的则既能取正值也能取负值，但当微观粒子运动状态发生变化时量子数的增减只能为1的整数倍。电子在原子中的运动可以用4个量子数表示，它们分别是主量子数n、角量子数1、磁量子数m和自旋量子数m。

- **提问人4**：量子计算和量子通信是如何实现的？

- **段文山**：量子计算是一种遵循量子力学规律调控量子信息单元进行计算的新型计算模式。我们日常使用的电脑，不管是屏幕上的图像还是输入的汉字，这些信息在硬件电路里都会转换成0和1，每个比特要么代表0，要么代表1，这些比特就是信息，然后再进行传输、运算与存储。正是因为这种0和1的"计算"过程，电脑才被称为"计算机"。量子计算机的原理与传统计算机完全不同，其理论依据是量子力学中的量子叠加原理施展并行计算的能力。量子力学允许一个物体同时处于多种状态。在量子计算中，0和1同时存在，就意味着很多个任务可以同时完成。它的关键取决于观测方法，每个量子比特，不仅可以表示0或1，还可以表示成0和1分别乘以一个系数再叠加，随着系数的不同，这个叠加的形式可能性会很多很多，从而导致量子信息处理从效率上相比于经典信息处理具有更大潜力。量子计算机的运算能力以指数级的方式随着量子位数目的增加而增长。

根据科学家推算，一旦能够操纵 53 个量子，量子计算机的算力就会超越传统架构的超级计算机。目前人类最强的超级计算机是日本的"富岳"，它由 400 台计算机组成，每台重两吨，1 秒钟可以实现 1.051 京（京是比兆更大的单位，1 京 =1 亿 ×1 亿）次的计算。而量子计算机只需操纵 53 个量子比特就能超越"富岳"。只要人类能够操纵足够多的量子比特，那么量子计算机 1 秒钟的计算能力就将完全碾压人类有史以来所有经典计算机的算力之和。

最早发现量子通信的是法国物理学家艾伦·爱斯派克特。量子通信是指利用量子纠缠效应通过"量子通道"来进行信息传递的方式，如果一个纠缠状态中的粒子被观测，那么一定会导致这种纠缠的坍塌，如果我们使用光量子通信，其过程如下：事先构建一对具有纠缠态的光子，将两个光子分别放在通信双方，将具有未知量子态的粒子与发送方的粒子进行联合测量，则接收方的粒子瞬间发生坍塌（变化），坍塌（变化）为某种状态，这个状态与发送方的粒子坍塌（变化）后的状态是对称的，然后将联合测量的信息通过经典信道传送给接收方，接收方根据接收到的信息对坍塌的粒子进行逆转变换，即可得到与发送方完全相同的未知量子态。

胡朝都：较物理学家我更关注的是物理公式背后的哲学解释，也就是世界观问题。宏观世界对于我们来说是非常真实的，我们研究宏观世界的基础是微观层面，因为宏观世界是一个个微观粒子构造的。既然宏观世界是非常真实的，微观粒子应该也是非常真实的，然而我们的出发点是基于我们的经验，对于这种经验的解释，已经不是建立在我们直接经验的基础之上，而是基于经验的一种理性分析和基于这种分析的构造。实际上，我们的宏观世界是非常真实的，但是微观世界可能并不真实，微观与宏观的反差，实际上是量子力学给我们带来非常奇妙感受的地方。

- **提问人 4**："真实"和"不真实"这两个概念又是如何区分的？

- **胡朝都**："真实"这个概念在不同的地方含义不同。布莱恩·格林在《宇宙的结构》的第一章中就提出了五六种说法。在他的超弦理论看来，各种基本粒子都可以解释为弦的不同振动模式，而且还能容纳引力，因此弦理论是有包罗万象的能力的。

依照弦理论，我们的宇宙也是有个镜像的。我们的宇宙是这么辽阔，对应的那个镜像宇宙却那么渺小，已经小于普朗克尺度，我们没有办法去探测。弦理论中的宇宙应该有十个空间维度，和一个时间维度，一共 11 维。为什么是 11 维呢？它是物理学家从弦理论的基本构想出发，经过科学计算得出来的。只有 11 维的空间，才能容纳所有物理学定律，才能使它们不产生矛盾。在十个空间维度中，有三个维度是展开的，也就是我们所感受到的三维世界，而其余的七个维度是蜷缩起来的。由于这些蜷缩的维度尺度太小，目前用最精密的仪器也无法观测到，所以我们感觉不到它们的存在。但是这个无法观测也感觉不到的实在在超弦理论中却是最具实在性的东西。

- **提问人5**：我还是想回到刚才那个问题的起点，就是量子和分子、原子到底有什么区别？量子理论是否可以作为我们世界观的一种思维方式？

- **段文山**：从毫厘尺度的宏观物体到无生命的星球体系，表观上主要遵循以牛顿力学为代表的经典物理学规律，因此，它们在过去往往被误认为是世间万物的普遍规律。而实际上，经典物理学规律只是量子力学规律的特殊情形。从宇宙大爆炸到加速膨胀的星系，这些宇观客体都符合量子论的基本规律；从微纳尺度物体到原子分子内部的电子以及光子，这些微观客体都符合量子论的基本规律；从单细胞生物到高级哺乳动物，这些复杂的生命体也在相当程度上符合量子论的规律。尽管有关人脑深处的认知和意识在物理机制上是否严格遵循量子论的基本规律，目前尚无定论，但人类的认知和行动模式相当程度上体现了量子思维的特点，这已经在前沿的研究群体中达成一定共识。

在哲学层面上，量子理论给人类带来最大的冲击是对实在世界的认识，量子论不但影响着人们对外部世界的认识，也在促使人们重新思考人类自身的属性。近年来一些神经科学研究结果显示，生命（包括人）是处于经典力学规律和量子力学规律交界处的神奇现象，量子特性很可能影响了人的意识的形成与认知的过程，关于这一点，可以参考吉姆·艾尔－哈利利和约翰乔·麦克法登合著的《神秘的量子生命》一书。我们主要强调以一种量子思维方式来看待世界。这是一种具有量子概率性的思维方式，认为量子概率是事物的内禀属性；是一种非定域的思维方式，通俗地理解，就是非局限、非固定的思维方式，这使人们可以更多地采用全局性、多方位的视角看待、处理问题；这种思维方式确认事物间存在不可消除的不确定性，并提醒我们，在信息时代，关联无处不在。人们对一些信息的提取，既受到其他信息的制约，也可能会瞬间影响另一些信息的表达，使得系统无法得到完全精确的描述。

- **提问人6**：微观世界、宏观世界和宇观世界的本质区别是什么？是否能够统一？

- **段文山**：广袤无垠的宇宙，物质的状态呈现层次结构。大体上，可以将物质世界分为微观世界、宏观世界和宇观世界三个层次。宇观世界不同于宏观规模的物质过程，具有高密度、高温度、高压、大质量、大尺度、大时标等特征，运动速度大到接近光速，万有引力起主要作用并服从相对论力学规律，包括星系、星系团、总星系，距地球100亿光年的宇宙太空等。宇观概念就是在总结现代天文学发展基础上提出的新概念，我国著名天文学家戴文赛在他的《宇观的物质过程》一书中指出："大质量加大尺度，既是宇观过程的特征，又是它的条件。"

相对论和量子力学之间存在矛盾，有很多特殊的物理现象我们目前还没办法解释，例如我们都知道宇宙中最快的速度是光速，但是宇宙本身膨胀的速度就是超过光速的，这是因为宇宙本身太过庞大，膨胀一秒钟制造出来的空间远比光速飞行一秒的时间要长。在微观的量子领域，也有一个现象超过了光速那就是"量子纠缠"，在微观的世界中同样存在一个让人感觉困惑的现象，那就是量子之间的纠缠状态，相互作用的速度也是超过光速，并且可以无视距离的，就像是一种"超远距离传送"，这个难题，至今都没有一个确切答案，这代表量子力学体系还不够完善。相对论和量子力学的矛盾，意味着双方都存在一些不够完善的缺点。这也是科学理论无法避免的，因此我们把日常生活中的世界称为"宏观世界"，把量子之间相互作用的世界称为"微观世界"，一切可以用眼睛看到并且观察到的物体，都是属于宏观世界的，但是宏观世界其实也是整个可观测宇宙，再向上增加或许就只是宇宙本身了，而在我们很难用肉眼观察的世界中也存在物理规律，为了区分，我们称之为"微观世界"。在微观世界中隐藏着很大的能量，宇宙就是诞生于一个极其小的奇点，宇宙中的恒星在生命尽头，也会被极致压缩，如果恒星的质量不足，就会被压缩成为一个"中子星"，整个中子星具有超高的质量和密度，就像是一个硕大的原子核，核能源也是利用核裂变反应产生极大的能量，这些都是微观世界中神奇的反应。很多科学家试图把量子力学和相对论结合起来，用"大一统"理论解释整个宇宙，其中最好的代表就是"弦理论"，但这个理论只是一个假设，没有通过实验验证，至今无法被证实。

- **提问人7**：我还想问一下，就目前来说，现代物理学最前沿的理论是什么？

- **段文山**：我认为，现代物理学最前沿的一个是"弦理论"，另外一个就是高能粒子加速器及对撞机的实验。数学可以精确、深邃描述物理现象，也是推动物理理论发展、应用的重要途径。爱因斯坦提出的凯勒-爱因斯坦方程和相对论紧密相关，杨振宁等人提出的厄米特-杨振宁-米尔斯方程成为量子力学标准模型。2021年3月，中国科学技术大学几何与物理研究中心特任教授陈杲的论文《J方程和超临界厄米特-杨振宁-米尔斯方程的变形》，在世界知名数学期刊《数学新进展》在线发表。这项成果属于复微分几何研究范畴，该领域有两个来自物理学的方程至关重要，一个是成为量子力学标准模型的厄米特-杨振宁-米尔斯方程，另一个是和相对论紧密相关的凯勒-爱因斯坦方程。在稳定的前提下求解这两个方程，一直是复微分几何界的核心任务。陈杲在稳定的前提下，解出陈秀雄和唐纳森独立提出的J方程以及丘成桐等人提出的超临界厄米特-杨振宁-米尔斯方程的变形，在厄米特-杨振宁-米尔斯方程和凯勒-爱因斯坦方程之间建立起了桥梁，这是对弦理论的重要推进。

大型强子对撞机（LHC）是一台粒子加速器，它建造在位于瑞士日内瓦的欧洲粒子物理实验室——CERN，是目前世界上能量最高的加速器。超大的体量、超高的对撞能量，使LHC成为人类揭开宇宙起源奥秘的一个研究利器。在这台人类历史上最大的国际科学装置中，两束质子被加速到接近光速，在特定位置对撞，产生出大量各种各样的粒子。高原宁院士领导的中国组通过在LHC上开展实验，率先发现了五夸克态奇特粒子。这不但是对传统夸克模型的重大突破，也为人类探索夸克之间的强相互作用打开了新的窗口，并因此荣获2020年度陈嘉庚科学奖数理科学奖。在五夸克态被发现后，美国物理学家盖尔曼表示"这是粒子发现漫长征程中的一步"。双粲重子和五夸克态的发现无疑拓展了人类知识的疆界,为进一步探索量子色动力学打开新的窗口。

李朝东:"中和论道"是一个开放的平台,段老师已经是第三次来到了"中和论道"的现场。我们从事的专业一个是物理学,一个是哲学,按照古希腊哲学家亚里士多德的学科分类,段老师从事的是 Physics 研究,我从事的是 metaphysics 研究,但是我们共同的地方在于对科学精神的志趣和思考。科学精神首先是反思的,是追根溯源,是在变化中寻求不变的法则和必然性;科学精神又是批判的,是首先承认自己可能有错,但找到了清除错误的方法,科学就是在错误和迷途中开辟通往真理的道路。科学从不自诩为真理或真理本身;科学精神又是自由的,科学源于好奇,源于理解世界理解我们自己的万丈雄心,不是谋求利益征服自然的工具。科学认为真理在遥远的彼岸不可达至,但却可以通过不断探索,不断逼近真理,科学是追求真理的自由精神。从 18 世纪至 20 世纪,近代西欧社会由封建主义向资本主义民族国家转型,人们的目光从天国转向现世,大航海、文艺复兴、宗教改革、启蒙理性风云际会,促成人的发现、自然的发现、理性的觉醒,这一切又汇聚推动科学技术结构的确立和飞速成长。当我们面对牛顿、爱因斯坦、玻尔、黑格尔、康德等伟大的科学和哲学先贤们不朽的理性群碑时,就要认真研习解读,读出历史的价值,读出时代的精神,把握科学的灵魂,我们要不断地吸取深蕴其中的科学精神、科学思想和科学方法,并使之成为推动我们前进的伟大精神力量。真正的科学精神是理性、怀疑、批判和实证，终极理论不会是一个全新的理论，它就藏在现有的理论之中，当我们以客观逻辑为工具，就能在错综复杂的观点中找出宇宙真实的脉络。

2021 年 6 月份，学校邀请了中国科学院数学与系统科学研究院严加安院士来做报告，我主持了"数学如诗，境界为上""我心目中的科学与艺术"两场报告。严加安院士从王国维的"境界说"出发讲述数学研究的境界，他认为评价一项数学成就的高低，应以境界为上，并详细讲述了数学与古典诗歌之间的境界相通性，进而提出数学的高境界：大道至简、大美天成；简洁美、和谐美、对称美、雅致美；创新；交叉、融合、统一。他还通过高境界数学的标准和实例、数学家的数学诗及他的创作心得阐述了境界在数学研究领域的重要性，这些都让我很受启发。

我们现阶段实行的学科分类到了研究阶段会遇到很多瓶颈和困难，物理、化学、生物、天文学等学科学术前沿问题需要多学科合作才能有所突破和创新解决。希望我们的老师和同学有开阔的学术眼界和视角，社会科学和自然科学都是一样，除了学好本专业的知识之外，多了解其他学科的知识，破除学科壁垒，做好多学科交叉融合，在此基础上产生新思想，这才是我们科学研究和学术发展的根本方向。

— 胡朝都讲师总结：非常感谢段老师今天给我们带来的精彩讲座。段老师讲的问题，实际上是我非常感兴趣的问题。对于科学，我相信在座的诸位都不陌生，小时候我们就知道很多有关科学的传奇故事，比如阿基米德的浴缸、牛顿的苹果、爱因斯坦的板凳等，这些故事可以激发我们对于人类智慧和科学的思考。今天，段老师从牛顿第二定律和常识世界观开始，讲到了三体问题和N体问题，即确定性与随机性问题；从洛伦兹方程导入蝴蝶效应和混沌理论，再进入量子力学和微观粒子的运动特性等内容。内容非常精彩，量子力学的诞生，有一个非常关键的问题，在科学史上爱因斯坦本人也是量子力学的创始人之一，他和玻尔的争论又促进了量子力学这门学科的完善。量子力学的正统解释称为"哥本哈根解释"，因为这个解释的主要建筑师玻尔的研究基地在哥本哈根。实际上，"哥本哈根解释"这一术语是海森堡于1955年第一次使用的，"哥本哈根解释"的中心原则包括以下内容：玻恩的波函数概率解释、海森堡的不确定原理、玻尔的对应原理和互补原理、叠加态以及波函数坍缩。该解释认为不存在超越测量或观察行为的客观实在现象。一个微观物理的物体没有本征性质。在对电子进行观察或测量确定它的位置之前，电子根本不存在于任何位置。在它被测量之前没有速度或其他物理属性。在测量之前问电子的位置在哪和速度多大是没有意义的。爱因斯坦坚决反对这一观点，但并不能反驳该解释，因为宏观物体只能显示粒子性一种属性，它的波动性根本显示不出来，所以宏观物体构成了种物理实在，与你的观察无关。而微观粒子却有粒子性和波动性两种属性，在这种情况下，你的观察就会起决定性作用了。实际上，量子力学也涉及哲学的观念，很多学科发展到最后都与哲学相关。今天段老师所讲的内容，对于我们日常中的哲学思考具有非常重要的意义。

讲座之后的问答环节也非常精彩，现场其实还留下了很多疑问，在我看来，在座的同学可能大部分是学文科的，而我们所处的世界跟我们每个人比较密切相关，因此对于世界的本性，我认为有理解的必要。今天给我印象特别深刻的是段老师提供给我们的是看待世界的不同方式，我认为这次讲座的结束，实际上是我们的思想相关问题的开始！

图书在版编目（CIP）数据

仁学与现象：中西哲学八讲 / 姜宗强，汪光文主编.
北京：社会科学文献出版社，2025. 5. -- ISBN 978-7-
5228-4468-8

Ⅰ．B1

中国国家版本馆CIP数据核字第2024ZF2044号

仁学与现象
——中西哲学八讲

主　　编 / 姜宗强　汪光文

出 版 人 / 冀祥德
责任编辑 / 卫　羚
责任印制 / 岳　阳

出　　版 / 社会科学文献出版社·人文分社（010）59367215
　　　　　　地址：北京市北三环中路甲29号院华龙大厦　邮编：100029
　　　　　　网址：www.ssap.com.cn
发　　行 / 社会科学文献出版社（010）59367028
印　　装 / 三河市东方印刷有限公司

规　　格 / 开　本：889mm×1194mm 1/32
　　　　　　印　张：9.375　字　数：200千字
版　　次 / 2025年5月第1版　2025年5月第1次印刷
书　　号 / ISBN 978-7-5228-4468-8
定　　价 / 98.00元

读者服务电话：4008918866